谢春涛——主编

人格的力量

中国共产党
老一代革命家人格风范

济南出版社

图书在版编目（CIP）数据

人格的力量：中国共产党老一代革命家人格风范/谢春涛主编.—济南：济南出版社，2021.1（2024.11重印）
ISBN 978-7-5488-4414-3

Ⅰ.①人… Ⅱ.①谢… Ⅲ.①中国共产党 – 革命领袖 – 生平事迹 – 中国 Ⅳ.①K827=7

中国版本图书馆 CIP 数据核字（2020）第 263056 号

人格的力量：中国共产党老一代革命家人格风范
RENGE DE LILIANG ZHONGGUO GONGCHANDANG
LAO YI DAI GEMINGJIA RENGE FENGFAN
谢春涛　主编

出 版 人	谢金岭
责任编辑	张慧泉　高茜茜　毕姗姗
装帧设计	纪宪丰
出版发行	济南出版社
地　　址	山东省济南市二环南路 1 号（250002）
总 编 室	0531-86131715
印　　刷	山东新华印务有限公司
版　　次	2021 年 1 月第 1 版
印　　次	2024 年 11 月第 2 次印刷
成品尺寸	170mm×240mm 16 开
印　　张	16.75
字　　数	166 千字
书　　号	ISBN 978-7-5488-4414-3
定　　价	78.00 元

如有印装质量问题 请与出版社出版部联系调换
电话：0531-86131716
版权所有　盗版必究

目 录

绪 论 ……………………………………… 001

老一代无产阶级革命家的人格风范,内涵丰富,是马克思主义世界观同中华民族传统美德相结合的光辉典范,主要体现在理想信念、勇于担当、严守纪律、廉洁奉公、道德情操五个方面。

第一章 毛泽东的人格风范 …………………… 021

毛泽东是中国人民的伟大领袖,在领导中国革命和建设的伟大征程中,形成了独特的、令人崇敬的人格风范、君子德风。这些人格风范可亲、可学、可做。在中国共产党领导人民为中华民族伟大复兴不懈奋斗的今天,学习毛泽东的人格风范,必将为中国共产党人注入强大的精神力量。

第二章 周恩来的人格风范 …………………… 059

提起周恩来这个光辉的名字,亿万人民都会从心底油然而生敬意。他是中国共产党的楷模,是中国共产党的一面旗帜,是中国共产党优良作风和传统的化身;他是中国人民的骄傲,是中国人民心中的一座丰碑,他永远是中国人民的好总理。作为"人民公仆,全党楷模",周恩来的历史功绩丰碑永树,他的伟大人格和崇高风范,是后人永远的榜样。

第三章　刘少奇的人格风范 ……………………… 107

在党的七大上，刘少奇以543票全票当选为中央委员。在七届一中全会上他又当选为中央政治局委员。会议选出毛泽东、朱德、刘少奇、周恩来、任弼时5人组成中央书记处，刘少奇成为党的第一代中央领导集体的重要成员。刘少奇之所以得到全党的高度认同，除了他坚定的政治立场和卓越的政治智慧以及高超的领导水平与理论水平外，杰出的党性修养也是一个重要方面。他不仅写了《论共产党员的修养》这本著作，还以自己的身体力行为全党同志做出了表率。正如邓小平在刘少奇追悼会上的悼词中所说："刘少奇同志言行一致。他在《论共产党员的修养》中对广大党员提出的党性锻炼的要求，自己都以身作则地实践了。"

第四章　朱德的人格风范 ……………………… 145

朱德是伟大的马克思主义者，无产阶级革命家、政治家、军事家，是中国共产党、中国人民解放军和中华人民共和国的主要缔造者和领导人之一。他为中国人民的解放和社会主义建设事业立下了不朽功勋，深受全党、全军和全国各族人民的爱戴和崇敬。朱德身上集中体现了共产党人的坚强党性和高尚人格，折射出了中华民族的传统美德。他在为党和人民的毕生奋斗中表现出来的自强不息的生命旋律、廉洁奉公的公仆意识、真善美统一的人生境界、高尚纯洁的道德情操、风格独具的人格力量、艰苦朴素的勤勉作风等，都是极为宝贵的精神财富，值得我们永远学习和发扬。

第五章　邓小平的人格风范 ……………………… 183

  伟大的时代造就伟大的人物。邓小平就是从中国人民和中华民族近代以来伟大斗争中产生的伟人。他的一生，同中国共产党、中国人民解放军、中华人民共和国创建和发展的历史进程紧紧相连，同中国革命、建设、改革的历史进程紧紧相连，同中华民族抗争、独立、振兴的历史进程紧紧相连，是光辉的一生、战斗的一生、伟大的一生。综观邓小平70多年的革命生涯，他始终秉持信念坚定、科学求实、独立自主、勇于开拓、严守纪律的本色。他崇高鲜明又独具魅力的革命风范，将激励我们在实现"两个一百年"奋斗目标、实现中华民族伟大复兴中国梦的征程上奋勇前进。

第六章　陈云的人格风范 …………………………… 225

  陈云是伟大的无产阶级革命家、政治家，杰出的马克思主义者，党和国家久经考验的领导人，社会主义经济建设的开创者和奠基人。他作为两代中央领导集体的重要成员之一，在长达70多年的革命生涯中，在祖国的大江南北都战斗过和工作过，他的人格中既有北方大漠坚强、硬朗的一面，同时也有江南水乡柔韧、乐观的一面。这些独特的经历，形成了陈云独特的人格风范。

后　记 ………………………………………………… 259

绪 论

老一代无产阶级革命家的人格风范,内涵丰富,是马克思主义世界观同中华民族传统美德相结合的光辉典范,主要体现在理想信念、勇于担当、严守纪律、廉洁奉公、道德情操五个方面。

绪 论

以毛泽东、邓小平同志为代表的老一代无产阶级革命家,不仅以其毕生的精力为实现国家富强、民族振兴和人民幸福建立了不朽功勋,同时也以其崇高的人格风范构筑了中国共产党和中华民族的道德丰碑。见贤思齐,了解、学习老一代无产阶级革命家的人格风范,对于新形势下广大党员干部加强党性修养具有重要意义。

老一代无产阶级革命家的人格风范,内涵丰富,是马克思主义世界观同中华民族传统美德相结合的光辉典范,主要体现在理想信念、勇于担当、严守纪律、廉洁奉公、道德情操五个方面。

一、正确坚定的理想信念

理想信念是一个人的精神内核,是支撑人坚定事业信心的动力源泉。习近平总书记曾经指出:"一个国家、一个民族、一个政党,任何时候任何情况下都必须树立和坚持明确的理想信念。如果没有或丧失理想信念,就会迷失奋斗目标和前进方向,就会像一盘散沙而形不成凝聚力,就会失去精神支柱而自我瓦解。"[1] 老一代无产阶级革命家以自己光荣的一生践行了对理想信念的坚守,证明了信仰的力量。

20 世纪初的中国,列强压迫、军阀混战、民族危机、社会危机深

---

[1] 习近平:《领导干部要树立正确的世界观权力观事业观》(2010 年 9 月 1 日),《学习时报》2010 年 9 月 6 日。

重。苦闷彷徨中的中国人在各种"主义"中寻找着信仰。一部以"过去的一切运动都是少数人的或者为少数人谋利益的运动。无产阶级的运动是绝大多数人的、为绝大多数人谋利益的独立的运动"为理念的《共产党宣言》为中国无数仁人志士点亮明灯。共产主义由此成为老一辈革命家共同的选择。1936年，毛泽东在与美国记者埃德加·斯诺的谈话中数次提到："1920年冬天，我第二次到北京期间，读了许多关于俄国情况的书。我热心地搜寻那时候能找到的为数不多的用中文写的共产主义书籍。有三本书特别深地印在我的脑子里，建立起我对马克思主义的信仰，其中一本就是《共产党宣言》。我一旦接受了马克思主义对历史的正确解释以后，我对马克思主义的信仰就没有动摇过"。[1]周恩来在确立共产主义信仰之时说："我认的主义一定是不变了，并且很坚决地要为他宣传奔走。"以《共产党宣言》为思想起点，老一代革命家将共产主义作为个人的信仰之基和事业之本，无论在逆境还是顺境中都未曾动摇，奋斗终生。

选择理想不易，坚守信仰更难。在坚守信仰的路上，铺满了荆棘，更有可能付出鲜血和生命的代价。参加党的一大的13位代表，在经历了残酷血腥的革命斗争洗礼后，2人叛国、5人脱党叛党、4人牺牲，到中华人民共和国成立时仅存毛泽东和董必武两人。1927年大革命失败，共产党人尸横遍野、血流成河，从领袖到基层党员，很多人被逮捕屠杀。从1927年3月至1928年上半年，全国有31万余人死在国民党反动派

---

[1] 斯诺等著，刘统编注：《早年毛泽东》，三联书店2011年版，第21页。

的屠刀之下，其中有 26000 余名共产党员，包括李大钊、罗亦农、赵世炎、陈延年、陈乔年、李启汉、萧楚女、邓培、向警予、夏明翰、张太雷等革命家在内，为了践行和坚守自己的信仰而壮烈牺牲。在这期间，有不少人退党，但有更多人入党。叶剑英等人就是在这个时候加入党组织的。革命战争年代，革命先烈在生死考验面前之所以能够赴汤蹈火，视死如归，就是因为他们对崇高的理想信念坚贞不渝、矢志不移。1935年1月，红十军团军政委员会主席方志敏在北上抗日途中，因叛徒出卖而被俘。在狱中，面对国民党的严刑和诱降，他的回答是："抛弃自己原来的主义信仰，撕毁自己从前的斗争历史……去出卖可爱的中国，去残杀无辜的工农，那还算是人？！是狗！是猪！是畜生！不，是猪狗畜生不食的东西！"

在信仰坚守的道路上，不可避免地会遭遇信仰与个人利益的冲突，老一代革命家从国家民族命运出发，舍弃"小我"，实现"大我"。1927年大革命失败后，在白色恐怖之下，中共中央决定派陈云回家乡青浦领导农民暴动。对陈云有抚育之恩的舅父得知后加以劝阻，舅父的理由是：穷人家还指着陈云来养家。这让陈云非常矛盾，陈云在自传中写道："有家庭负担的人，常常在每个重要关头，个人利益与党的利益有冲突时，要不止一次地在脑海中思想上发生矛盾，必须赖于革命理论与思想去克服个人利益的思想。"最终陈云选择了对信仰的坚守，践行让广大穷人翻身做主人、过好日子的伟大目标，前往青浦。为了革命的胜利，毛泽东一家牺牲6位亲人，徐海东大将家族牺牲70多人，贺龙元

人格的力量

帅的贺氏宗亲中有名有姓的烈士达 2050 人。[①] 老一代革命家之所以能够无私无畏、舍小家顾大家，就是因为心中怀抱崇高理想信念，为着彻底推翻旧的制度，为着实现民族独立和人民解放。正如方志敏在《可爱的中国》中所写："我们相信，中国一定有个可赞美的光明前途。"

　　理想信念是精神之钙，具有神奇般的力量。邓小平指出："为什么我们过去能在非常困难的情况下奋斗出来，战胜千难万险使革命胜利呢？就是因为我们有理想，有马克思主义信念，有共产主义信念。我们干的是社会主义事业，最终目的是实现共产主义。"[②] 中华人民共和国成立后，老一代革命家艰辛探索社会主义建设和改革之路，面临挫折不动摇、面对困难不气馁，靠的是坚定的理想信念。反观当前一些党员领导干部之所以政治上变质、经济上贪婪、道德上堕落、生活上腐化，其深层次根源就在于理想信念的缺失与丧失。

二、敢于担当的使命意识

　　老一代无产阶级革命家对党的事业有着高度负责的政治担当。自古以来，中华民族就有敢于担当的优良传统，比如，"为天地立心，为生民立命""先天下之忧而忧，后天下之乐而乐""苟利国家生死以，岂因祸福避趋之"等。党的十八大以来，习近平总书记多次强调干部要敢于

[①] 习近平：《领导干部要树立正确的世界观权力观事业观》（2010 年 9 月 1 日），《学习时报》2010 年 9 月 6 日。
[②] 《邓小平文选》第三卷，人民出版社 1993 年版，第 110 页。

担当。他在全国组织工作会议上首次将"敢于担当"明确为好干部的五条标准之一。

中国共产党人继承了这种敢于担当的优良传统。我们党自诞生之日起，就自觉地把对国家、对民族、对人民的责任扛在肩上，担负起争取民族独立和人民解放、实现国家富强和人民幸福的历史使命。老一代革命家在重大历史转折关头，都勇于挺身而出，承担起应负的政治责任。

1. 在重大关头敢于承担重任

1927年南昌起义失败后，朱德挺身而出，毅然担当起把部队带出困境的重任。1945年抗战结束，蒋介石三番五次邀毛泽东赴重庆，党内一些同志不同意，但毛泽东义无反顾去重庆谈判。中华人民共和国成立后不久，面临美国把朝鲜战争的战火烧到家门口的危急时刻，中共中央毅然做出"抗美援朝，保家卫国"的战略决策，彭德怀临危受命，出任中国人民志愿军司令员兼政治委员。1992年为了推动中国改革向前，邓小平88岁高龄时南下5000多公里，发表著名的南方谈话。

2. 对于错误敢于进言，予以纠正

长征途中在遵义会议后开过一次苟坝会议，在会议头一天（1935年3月10日），讨论红军进攻打鼓新场的"万急建议"。张闻天当即召集周恩来、朱德、毛泽东、王稼祥、刘伯承、张云逸、李富春、叶剑英等20多人开会。毛泽东不赞成进攻打鼓新场，他以辞去一个星期前刚任命的

人格的力量

前敌司令部政委一职相请求，也没有争取到多数。会后，他首先说服了周恩来。第二天的会议上，毛泽东和周恩来、朱德一起力陈利弊，才说服大家赞同他的主张。毛泽东又向周恩来提出成立几个人的军事领导小组建议。毛泽东说：过去的"三人团"主观武断，弄得中央政治局啥也不知道不好。现在天天开20多人的会议讨论军事行动，争论不休，解决不了问题，又贻误战机，还是成立几个人的小组，全权指挥军事，对中央政治局负责。第三天的会议上成立了新"三人团"。这是红军指挥的最高领导机构，全权代表中央政治局指挥军事。在解放战争中，1948年中央三次命令粟裕过长江，他向中央进言缓过长江，最后一次他还亲赴城南庄见毛泽东等中央领导，最后中央采纳了粟裕的建议，迅速调整战略部署，迅速打开了中原战局。

3. 对于该负责的敢于担当

"文化大革命"结束后，邓小平再次复出时已是73岁高龄，当时百废待兴，局面复杂。邓小平说：出来工作，可以有两种态度，一种是做官，一种是做点工作。"谁叫你当共产党人呢，既然当了，就不能够做官，不能够有私心杂念，不能够有别的选择，应该老老实实地履行党员的责任。""在不多的余年里为党为国家为人民做一点力所能及的事情。"[①] 这种"做官"还是"做点工作"的表述，就是强烈的担当意识。他复出后，在关于对毛泽东评价这一历史课题的处理中，邓小平敢于顶

---
① 中共中央文献研究室编：《十六大以来重要文献选编》中册，中央文献出版社2006年版，第172页。

住压力，批评错误观点。他自觉地对党的历史错误承担自己该承担的责任。他坦陈："有些问题我们确实也没有反对过，因此也应当承担一些责任。"他明确表示："我和陈云同志那时是政治局常委，起码我们两个负有责任。其他的中央领导同志也要承担一些责任。"这种勇于担当错误责任的政治品格令人崇敬。

4.敢于牺牲自身利益

在革命战争年代，为了革命的胜利，老一代革命家做出了巨大的牺牲，有很多是满门忠烈。在建设时期，面对"大跃进"造成的失误，彭德怀、张闻天等人冒着撤职罢官的风险，在1959年庐山会议上针对问题大胆进言，体现出强烈的担当意识。

对民族的责任、对人民的责任、对党的责任，这是中国共产党人的大担当。实现"两个一百年"奋斗目标、实现中华民族伟大复兴的中国梦，尤其需要领导干部有直面矛盾的勇气，有敢于担当的精神。各级领导干部应发扬老一代革命家敢于担当的精神，切实担当起应有的政治责任。

三、严守纪律的大局观念

严守纪律，对于中国共产党党员来说，主要是指严守政治纪律、组织纪律、廉洁纪律、群众纪律、工作纪律、生活纪律等。毛泽东在总结新民主主义革命胜利经验时指出，我们党有三件"战胜敌人的主要武器"，第一件就是："一个有纪律，有马克思列宁主义的理论武装的，有自我批评方法的，联系人民群众的党。"①毛泽东把"有纪律"作为党的首要特征。习近平总书记多次强调严明党的纪律的重要性和必要性，他明确指出："严明党的纪律，首要的就是严明政治纪律。"政治纪律是各级党组织和全体党员在政治方向、政治立场、政治言论和政治行为方面必须遵守的规则，是党最重要的纪律。

"没有规矩不成方圆。"没有政治纪律或政治纪律松弛，就无法实现全党、全军和全国的高度集中统一。鸦片战争以来的百余年间，帝国主义列强之所以频繁入侵中国，中华民族之所以长期处于被动挨打的地位，一个重要原因就是长期处于无政府、无组织状态，整个国家就像一盘散沙，形不成统一的力量。蒋介石国民党统治了二十多年，连自己的党和军队都没有真正统一起来，党内军内山头林立，分为若干不同的派系，各有打算，各行其是，当然更不可能把整个国家组织成为团结统一的整体，连政权也保不住，只好跑到台湾岛上。只有纪律严明的中国共产党才真正把中国人民组织成为团结统一的强大力量，赶走了帝国主义侵略者。纪律严明是中国共产党的光荣传统和独特优势。老一代革命家都是严守纪律的模范。

对于中央做出的决定或决议，要认真遵守。在长征途中，当时担任红四方面军负责人的张国焘，无视党的纪律，背着中央强令红军南

---

①《毛泽东选集》第四卷，人民出版社1991年版，第1417页。

下，另立中央，进行分裂活动，险些断送了党和红军。但红军中的广大党员，包括红四方面军的绝大部分同志，都能抵制张国焘的错误行动。当张国焘逼迫朱德公开反对中央关于北上抗日的决议时，朱德坚定地回答："北上抗日是中央的决议，中央的路线是正确的，我是举过手的，我不能反对。"

中央做出的决定或决议，即使存在问题或个人受到委屈仍要服从。在井冈山、瑞金时期，由于"左"倾错误路线的指导，毛泽东多次受到不公正对待，但他每次都能做到服从组织决定。1932年10月在宁都会议上，毛泽东被剥夺红一方面军总政委的职位，他尊重集体决定，严格遵守党的纪律，不闹独立，坚决维护党的团结统一，表示"什么时候需要我回来，我就回来"。与此同时，他通过组织程序，进行耐心细致的工作，说服教育了一部分有"左"倾思想的同志。后来，在遵义会议上终于纠正了"左"倾错误路线，挽救了中国共产党和中国革命。

遵守纪律是经过党考验的优良传统。在党的历史上，出现过陈独秀右倾机会主义、李立三"左"倾冒险错误和王明"左"倾教条主义的情况，给革命造成很大危害。究其原因，重要的一条，是他们作为当时党的主要领导人，作风不正，搞家长制，一言堂，无视党的民主集中制，实质上就是破坏党的纪律，强制党员干部执行其错误主张。第二次国内革命战争时期，党领导的革命根据地比较分散，红军队伍也相对比较分散，这就自然而然地产生一些山头主义的倾向。如果允许山头主义、宗派主义的存在，那就势必影响党的统一团结，削弱党的战斗力。针对这

人格的力量

种情况，遵义会议以后，以毛泽东为首的党中央，恢复了党的民主集中制，重申了"四个服从"的组织纪律。1938年9月，在延安召开的党的六届六中全会，专门制定了加强党的纪律的文件，重申了"四个服从"的组织纪律。毛泽东在会上强调指出："谁破坏了这些纪律，谁就破坏了党的统一。"全党以张国焘严重违反党纪这一典型事例进行了普遍的党的纪律的教育。1941年中央政治局通过的《关于增强党性的决定》，强调党在思想上、政治上、组织上的团结统一，批判了政治上的自由主义、组织上的山头主义、思想上的个人主义等错误倾向，指出："要在全党加强纪律教育，因为统一纪律是革命的必要条件。"1942年，党中央开展了延安整风运动，把反对山头主义、宗派主义，加强党的纪律建设作为整风的主要内容之一。

人不以规矩则废，家不以规矩则散，党不以规矩则乱。面对世情国情党情的深刻变化，作为一个拥有9000多万党员的执政党，我们党比任何时候都需要严明的政治纪律和政治规矩。必须维护党中央权威，在任何时候任何情况下都要在思想上政治上行动上同以习近平同志为核心的党中央保持高度一致；必须维护党的团结，坚持五湖四海，团结一切忠实于党的同志；必须遵循组织程序，重大问题该请示的请示，该汇报的汇报，不允许超越权限办事；必须服从组织决定，决不允许搞非组织活动，不得违背组织决定；必须管好亲属和身边工作人员，不得默许他们利用特殊身份谋取非法利益。

四、廉洁奉公的公仆精神

廉洁奉公，是《中国共产党章程》中规定的党员一项必须履行的义务："坚持党和人民的利益高于一切，个人利益服从党和人民的利益，吃苦在前，享受在后，克己奉公，多做贡献。"它体现着中国共产党的宗旨、本色和风格。在这方面，老一代革命家时时事事以身作则，起了率先垂范的作用。

1. 正确对待名利

如何对待名利？如何看待个人得失？这是每一位党员干部都要认真思考的问题。在对待个人名利这个问题上，历来存有"争"与"让"两种态度。一种是只能"上"不能"下"，只能"有"不能"无"的"争"的态度。"争"是为了私利，把人民赋予的权力当作谋私的工具。另一种是"个人名利淡如水，党的事业重如山"，不图名、不争利、不贪享受，以实现宏伟的抱负，这是正确对待名利的态度。李大钊提倡"简易生活"、许光达不受"镜匾"、罗荣桓高风让贤、刘伯承坚持撤换"标语"等便是正确对待名利的典范。他们摆正了名利、地位与事业的关系，以平和之心对待"名"、以淡泊之心对待"位"、以知足之心对待"利"、以敬畏之心对待"权"、以精进之心对待"事"，把自己的一切与国家的命运、党的事业、人民利益紧紧联系在一起，珍惜人民赋予的权力，努力为人民群众办好事、办实事。

2. 不收不当之礼

讲人情、重人情自古便是为人处事之美德，领导干部自然也有人之常情。但是，身在领导岗位，除了正常的人情交往外，如何面对不当之利甚至动机不纯的人情消费，却值得领导干部深思熟虑。"不虑于微，始成大患；不防于小，终亏大德。"一个干部的腐化变质，往往也都是从小事不注意、小节不检点开始的，从"吃点、喝点、玩点、收点"的"小点"起步的，这是腐败的一种规律和定律。所谓"正人先正己"，首先得管好自己。在这方面，老一代革命家以身示范，坚决不收不当之礼，为我们树立了典型和榜样。从周恩来拒礼附《通知》，到陶铸"不准请客，不准迎送，不准送礼"的"约法三章"，以至黄克诚的"来者必拒"等，都反映了他们廉洁奉公背后的"拒礼"艺术。尽管这些都是小事，但小事中包含着大道理，体现的是大风范，展示的是共产党人面对不当之利时的崇高境界。

3. 管好亲属和"身边人"

"能吏寻常见，公廉第一难。"作为领导干部，不仅要严于律己，还要管好亲属和"身边人"。亲属和"身边人"的喜好选择，常常折射的是领导干部的生活情趣取向；亲属和"身边人"的作风，常常是领导干

人格的力量

重。苦闷彷徨中的中国人在各种"主义"中寻找着信仰。一部以"过去的一切运动都是少数人的或者为少数人谋利益的运动。无产阶级的运动是绝大多数人的、为绝大多数人谋利益的独立的运动"为理念的《共产党宣言》为中国无数仁人志士点亮明灯。共产主义由此成为老一辈革命家共同的选择。1936年，毛泽东在与美国记者埃德加·斯诺的谈话中数次提到："1920年冬天，我第二次到北京期间，读了许多关于俄国情况的书。我热心地搜寻那时候能找到的为数不多的用中文写的共产主义书籍。有三本书特别深地印在我的脑子里，建立起我对马克思主义的信仰，其中一本就是《共产党宣言》。我一旦接受了马克思主义对历史的正确解释以后，我对马克思主义的信仰就没有动摇过"。[1]周恩来在确立共产主义信仰之时说："我认的主义一定是不变了，并且很坚决地要为他宣传奔走。"以《共产党宣言》为思想起点，老一代革命家将共产主义作为个人的信仰之基和事业之本，无论在逆境还是顺境中都未曾动摇，奋斗终生。

选择理想不易，坚守信仰更难。在坚守信仰的路上，铺满了荆棘，更有可能付出鲜血和生命的代价。参加党的一大的13位代表，在经历了残酷血腥的革命斗争洗礼后，2人叛国、5人脱党叛党、4人牺牲，到中华人民共和国成立时仅存毛泽东和董必武两人。1927年大革命失败，共产党人尸横遍野、血流成河，从领袖到基层党员，很多人被逮捕屠杀。从1927年3月至1928年上半年，全国有31万余人死在国民党反动派

---

[1] 斯诺等著，刘统编注：《早年毛泽东》，三联书店2011年版，第21页。

绪 论

　　以毛泽东、邓小平同志为代表的老一代无产阶级革命家，不仅以其毕生的精力为实现国家富强、民族振兴和人民幸福建立了不朽功勋，同时也以其崇高的人格风范构筑了中国共产党和中华民族的道德丰碑。见贤思齐，了解、学习老一代无产阶级革命家的人格风范，对于新形势下广大党员干部加强党性修养具有重要意义。

　　老一代无产阶级革命家的人格风范，内涵丰富，是马克思主义世界观同中华民族传统美德相结合的光辉典范，主要体现在理想信念、勇于担当、严守纪律、廉洁奉公、道德情操五个方面。

一、正确坚定的理想信念

　　理想信念是一个人的精神内核，是支撑人坚定事业信心的动力源泉。习近平总书记曾经指出："一个国家、一个民族、一个政党，任何时候任何情况下都必须树立和坚持明确的理想信念。如果没有或丧失理想信念，就会迷失奋斗目标和前进方向，就会像一盘散沙而形不成凝聚力，就会失去精神支柱而自我瓦解。"[①] 老一代无产阶级革命家以自己光荣的一生践行了对理想信念的坚守，证明了信仰的力量。

　　20世纪初的中国，列强压迫、军阀混战，民族危机、社会危机深

---

① 习近平：《领导干部要树立正确的世界观权力观事业观》（2010年9月1日），《学习时报》2010年9月6日。

部个人作风的延伸。因此，管好"身边人"是领导干部政治生活的重要内容。在老一代无产阶级革命家中，涌现了一大批不仅自己恪守高尚的情操，而且还严格要求子女和"身边人"，不允许他们以自己的权力和影响来办私事的典范。毛泽东从不利用手中的权力为家属亲友谋个人私利。中华人民共和国成立后，有些亲戚故旧以为毛泽东是国家主席了，大权在握，求他安排工作，希望给个一官半职，都被毛泽东婉言相劝予以拒绝。还有些亲戚给他写信，反映生活困难，要求政府照顾，他除了有的从自己工资中拨款予以接济外，都劝告对方不能以毛泽东的亲戚为由要求特殊。老一代革命家都能以具体的行动管好身边的人和事，为我们树立了管好"身边人"的典范。

4. 严格要求干部廉政

"廉者，政之本也。"清正廉洁是为政之本，是人民对党员干部的起码要求。没有廉政，党就有可能失去民心。从土地革命战争时期《井冈山反腐败训令》《关于惩治贪污浪费行为》等规章制度的制定，到中华人民共和国成立后不久痛斩贪官刘青山、张子善，老一代革命家一刻也没有放松过对党员干部清正廉洁的要求。在领导革命工作和经济建设的同时，老一代革命家把党风廉政建设和反腐败工作摆上重要议事日程，坚持党风廉政建设、反腐败斗争和其他工作一起部署，一起落实。

一个人能否廉洁自律，克己奉公，最大的诱惑是自己，最难战胜的敌人也是自己。党员领导干部只有做到严以修身、严以用权、严于律己，谋事要实、创业要实、做人要实，才会保持共产党人的政治本色，才会得到人民群众的衷心拥护。

五、高尚纯洁的道德情操

爱因斯坦说过："第一流人物对于时代和历史进程的意义，在其道德品质方面，也许比单纯的才智成就方面还要大，即使是后者，他们取决于品格的程度，也远超过通常所认为的那样。"司马光在《资治通鉴》中也指出："才者，德之资也；德者，才之帅也。"中国共产党的干部标准是德才兼备，以德为先。习近平总书记指出："干部德的标准应当包括干部的政治品德标准、职业道德标准、家庭美德标准和社会公德标准。"老一代革命家身上所体现出的高尚纯洁的道德情操也证明：有德才有得，有诚才有成；做官先做人，从政先立德。

1. 慎独自省，自我解剖

中华民族是一个讲究君子慎独、克己修身的民族，在这方面我们的祖先留下了大量宝贵的思想遗产。比如："与人不求备，检身若不及""吾日三省吾身""见贤思齐焉，见不贤而内自省也"等。这种优秀品质，在受传统文化滋养熏陶的老一代革命家身上体现得非常明显。周恩来的座右铭是"活到老，学到老，改造到老"。邓小平说："自我评论，我不是完人，也犯过很多错误，不是不犯错误的人，但是我问心无愧，其中一点就是从来不搞小圈子。"①

2. 虚怀若谷，平等待人

老一代革命家厥功至伟，但在与各界人士交往的过程中，从不以领导者自居。毛泽东和张澜、陈叔通、黄炎培、许德珩、沈钧儒、程潜等民主党派和无党派人士真诚倾心交往，留下了许多佳话。周恩来真诚地同各界人士交往的事迹广为传颂：在同原国民党战犯座谈时，杜聿明等人都非常惭愧，周恩来却说怪自己当年在黄埔军校没有教育好他们；在同末代皇帝溥仪会见时，他真心实意地为溥仪家族解决实际困难；在与知识青年交谈时，周恩来十分关心青年一代的生活和成长。

3. 坦荡无私，顾全大局

习近平总书记在纪念邓小平同志诞辰110周年座谈会上的讲话中指出：坦荡无私，是邓小平同志一生最光辉的人格魅力。这也是老一代革命家所共有的道德情操。1920年，毛泽东在给蔡和森等人的信中，谈到新民学会会友应有的态度时指出，第一是互助互勉，第二是诚恳，第三是光明（人格的光明），第四是向上（能变化气质，有向上心）。② 刘少奇指出："我们无产阶级革命家忠诚纯洁，不能欺骗自己，不能欺骗人民，也不能欺骗古人。这是我们共产党员的一大特点，也是一大优

---

① 《邓小平文选》第二卷，人民出版社1994年版，第353页。
② 《毛泽东书信选集》，人民出版社1983年版，第8页。

点。"[①] 在1959年的庐山会议上,时任中国人民解放军总参谋长的黄克诚被错误批判,蒙冤十几年。"文革"结束后,黄克诚重新出来工作,面对一些人全面否定毛泽东的倾向,他态度鲜明地指出:"虽然我自庐山会议以来一直蒙冤,但我们这代人对他(毛泽东)的感情是超越一切个人恩怨的。""如何认识和评价毛主席,如何评价毛泽东思想,对于我们党和国家来说,是一个根本的问题。"黄克诚的话语重心长、肝胆照人,在党内外产生了强烈反响。

4. 注重加强党性修养

1938年10月,毛泽东在党的六届六中全会上首次提出"我们党的马克思列宁主义的修养"的命题,随后,张闻天、陈云先后发表《论青年的修养》《怎样做一个共产党员》,从不同角度论述了共产党员的修养问题。1939年7月,刘少奇在延安马列学院作《论共产党员的修养》演讲,对加强共产党员修养问题做了全面系统的阐述。这一经典文献,成为党员党性教育的必读书籍。通过延安整风运动,老一代革命家开创了中国共产党加强党性修养的新途径。

5. 珍视人间亲情、友情和爱情

老一代革命家是孝敬父母的模范。1919年春,毛泽东的母亲生病,

[①]《刘少奇选集》上卷,人民出版社1985年版,第111页。

毛泽东闻讯后把母亲接到长沙医治。母亲逝世后，他写下了哀戚动人的《祭母文》。1959年6月，毛泽东回到韶山后专门到父母的墓前鞠躬扫墓。1942年7月，周恩来的父亲因病去世，他与邓颖超以个人名义在重庆《新华日报》刊登了讣告。1944年朱德的母亲去世，他饱含深情地写下《回忆我的母亲》一文。中华人民共和国成立后，邓小平把继母夏伯根接到家中，此后半个世纪她就一直生活在邓家。

老一代革命家也是尊师敬友的榜样。1937年1月，毛泽东在祝贺徐特立60岁生日的贺信中说："你是我二十年前的先生，你现在仍然是我的先生，你将来必定还是我的先生。"[①] 尊师之情，溢于言表。老一代革命家在战争中凝结成的深厚战友情谊也体现在党史上带有特定内涵的称谓中，如"朱（德）毛（泽东）""刘（伯承）邓（小平）""贺（龙）关（向应）"等。

老一代革命家忠贞不渝的爱情也为世人称道。先驱好肝胆，松柏耐岁寒。李大钊与赵纫兰、高君宇与石评梅、周文雍与陈铁军、瞿秋白与杨之华、周恩来与邓颖超之间的爱情，清香四溢，代代流芳，感人至深。

因为牢记宗旨，所以节操坚守。老一代革命家高尚纯洁的道德情操，必将激励党员领导干部体悟崇高的力量，把对道德情操的涵养融入为人民利益的奋斗之中，努力创造出无愧于先辈和时代的业绩。

老一代革命家的伟大人格和崇高风范，来自主体的修身和自省，更

---

① 《毛泽东书信选集》，人民出版社1983年版，第98页。

人格的力量

来自中国革命的锤炼。毛泽东指出:"无数革命先烈为了人民的利益牺牲了他们的生命,使我们每个活着的人想起他们就心里难过,难道我们还有什么个人利益不能牺牲,还有什么错误不能抛弃吗?"[1] 人民的重托,生死的考验,革命的锤炼,锻造出了老一代革命家伟大的人格风范,也由此受到亿万人民群众的衷心爱戴。正如习近平总书记指出的那样:"共产党人拥有人格力量,才能无愧于自己的称号,才能赢得人民赞誉。"[2]

---

[1] 《毛泽东选集》第三卷,人民出版社1991年版,第1097页。
[2] 习近平:《在纪念邓小平同志诞辰110周年座谈会上的讲话》,《人民日报》2014年8月21日。

第一章
毛泽东的人格风范

　　毛泽东是中国人民的伟大领袖，在领导中国革命和建设的伟大征程中，形成了独特的、令人崇敬的人格风范、君子德风。这些人格风范可亲、可学、可做。在中国共产党领导人民为中华民族伟大复兴不懈奋斗的今天，学习毛泽东的人格风范，必将为中国共产党人注入强大的精神力量。

一、矢志不渝的革命信念

　　理想信念是人们思想观念的集中体现，它是人们的思想动机和奋斗目标，为实现目标提供不竭的精神动力。邓小平曾经深有体会地说："我们过去几十年艰苦奋斗，就是靠用坚定的信念把人民团结起来的，为人民自己的利益而奋斗。没有这样的信念，就没有凝聚力，没有这样的信念，就没有一切。"作为中国共产党第一代领导集体的核心，毛泽东对共产主义和中国人民的革命事业始终抱有坚定的信心。共产主义是马克思恩格斯对资本主义进行批判，在总结人类社会历史规律的基础上形成的关于人类社会的美好构想，是全世界无产阶级的奋斗目标，也是包括毛泽东在内所有中国共产党人的理想信念。

　　毛泽东对共产主义理想的坚定信念经历了一个发展过程。纵观毛泽东早年的思想历程，他先后信仰过自由主义、民主主义、空想社会主义，甚至无政府主义。无政府主义在五四时期的各种思潮中曾经一度占据优势，毛泽东在读了一些关于无政府主义的小册子后对无政府主义产生了浓厚的兴趣。1918年8月，毛泽东来到北京，经杨昌济先生推荐在北京大学图书馆做助理员，接触到各种思想，但对各家学说尚无定见，用他自己的话说："我的思想还是混乱的，用我们的话来说，我正在寻找出路。"此后，在毛泽东主编的《湘江评论》中依然存在着浓厚的无政府主义倾向:"人人要有互助的道德和自愿工作。贵族资本家只要他们回心向善能够工作,能够助人而不害人,也不必杀他。这派人的意思更广,更深远。他们要联合地球做一国、联合人类做一家,和乐新善——不是日本的新善——共臻盛世。"[1]

1919年8月中旬,由于《湘江评论》高举彻底的、不妥协的反帝反封建旗帜,北洋军阀张敬尧派军警强行解散了湖南学生联合会,不准《湘江评论》发行。毛泽东领导学生骨干分子进行驱张活动,为争取全国人民的同情和支持,毛泽东率领一个驱张代表团前往北京请愿。这个时期,毛泽东正由激进的革命民主主义者开始向马克思主义者转变,特别是经过五四运动的洗礼,他对人民群众在历史上的作用有了新的认识。他在《湘江评论》创刊宣言中指出:"世界什么问题最大?吃饭问题最大。什么力量最强?民众联合的力量最强。什么不要怕?天不要怕,鬼不要怕,死人不要怕,官僚不要怕,军阀不要怕,资本家不要怕。"[2]在《民众的大联合》中则宣称:"天下者我们的天下。国家者我们的国家。社会者我们的社会。我们不说,谁说?我们不干,谁干?"同时,他还认为,要推翻帝国主义、封建主义的反动统治,实现改造社会,"根本的一个方法,就是民众的大联合"。他还明确指出辛亥革命失败的重要原因之一,是因为只停留在少数人的活动上,没有实行民众的大联合。这个革命"与我们民众的大多数,毫没关系。我们虽赞成他们

---

[1]《毛泽东早期文稿》,湖南人民出版社,第341页。
[2]《毛泽东早期文稿》,湖南人民出版社,第292页。

的主义，却不曾活动。他们也用不着我们活动"。而十月革命的胜利则是由于"俄罗斯以民众的大联合，和贵族的大联合、资本家大联合相抗，收了社会改革的胜利"。这些观点表明，他从五四前信守的"精神上之个人主义"转向"民众的大联合"，充分肯定了人民群众的决定作用。这已经无限接近历史唯物主义的观点。

这个时期，全国政治气候比较活跃。列宁领导的苏联政府发表的废除帝俄时代同中国订立的不平等条约、建立中苏平等关系的宣言，突破北洋军阀政府的封锁公布出来了。共产国际派代表来中国，先后与李大钊、陈独秀等取得联系，交换了对中国革命问题的意见，研究了发起成立中国共产党的问题。报刊上介绍俄国革命、讨论社会主义的文章日益增多，有些进步报刊摘译了一些马克思主义著作的部分章节，发表了马克思、恩格斯、列宁等人的简要传记，还出版了一些介绍和解释马克思主义的著作。这使得毛泽东有更多的机会进一步接触马克思主义。随着马克思主义在中国的广泛传播，新文化阵营产生了分裂，围绕要不要马克思主义的问题展开了一场激烈的论战。在论战中，毛泽东接受了李大钊所阐述的马克思主义的历史唯物主义观点，从理论上划清了改良和革命的界限。他在评论长沙发生的新娘在花轿中自杀的事情时，初步透过错综复杂的社会现象，抓住了事物的本质。他指出："母家"和"夫家"固然有直接罪恶，但"罪恶来源仍是社会"。他认为，不用革命来改造旧社会，建立新社会是无望的。在其他文章中，他还进一步指出：要使社会进步，绝不能企图改良其旧，必须立志创造其新。自古以来，当旧的生活、旧的思想、旧的制度已经不适合新的时代时，只有将它否定，另行创立新的思想新的制度。他认为社会基础是经济制度，社会问题的解决，必须从经济制度和政治制度的改造着手，而如此艰巨的制度改革，岂是改良主义所能奏效的？这比他在《湘江评论》时的思想前进了一大步。

1919年，毛泽东第二次来到北京，这期间阅读了许多关于俄国近况的书，他努力搜寻当时能够找到的中文版共产主义的文献，与李大钊一起讨论有关共产主义的理论和赴俄留学等方面的问题。在这个时期，有三本书对他建立马克思主义世界观有极其重要的作用。这三本书是：《共产党宣言》，这是我国第一次用中文翻译的马克思主义的书；考茨基的《阶级斗争》；柯卡普的《社会主义史》。1920年4月，毛泽东离开北京去上海。在上海，他曾与陈独秀讨论所读的马克思主义著作，并研究了在湖南开展革命活动的问题。陈独秀对毛泽东确立马克思主义的信仰有一定的影响。毛泽东后来曾说："我第二次到上海去的时候，曾经和陈独秀讨论我读的马克思主义书籍。陈独秀谈他自己的信仰的那些话，在我一生中可能是关键性的这个时期，对我产生了深刻的印象。"

在与斯诺的谈话中，毛泽东说明了这一点："到1920年夏天，在理论上，而且在某种程度的行动上，我已成为一个马克思主义者了，而且从此我也认为自己是一个马克思主义者了。"此外，1925年底，在填写"少年中国学会"改组委员会征询意见调查表时，毛泽东写道："本人信仰共产主义，主张无产阶级的社会革命。"从这时起，毛泽东一生再也没有对共产主义的理想信念动摇过。他曾这样描绘共产主义："这种思想体系和社会制度，是区别于任何别的思想体系和任何别的社会制度的，是自有人类历史以来，最完全最进步最革命最合理的。"在毛泽东看来，共产主义不仅是一种思想体系和社会制度，它也是中国共产党人的行动纲领。他指出："我们共产党人从来不隐瞒自己的政治主张。我们的将来纲领或最高纲领，是要将中国推进到社会主义社会和共产主义社会去的，这是确定的和毫无疑义的。我们的党的名称和我们的马克思主义的宇宙观，明确地指明了这个将来的、无限光明的、无限美妙的最高理想。"

对中国革命充满必胜的信心，是毛泽东坚定的理想信念的又一表现。在革命斗争时期，党的主要任务是推翻帝国主义、封建主义和官僚资本主义三座大山。毛泽东认为，这是由中国半殖民地半封建社会的国情所决定的，是中国社会无法超越的历史阶段。毛泽东对外国的侵略极为痛恨，把"二十一条"的签订看成是民国奇耻。他对中国竟以"纵横万里而屈于三岛，民数号四万万而对此三千万者为之奴，满蒙去而北边动，胡马骎骎而入中原，况山东已失，开济之路已为攫去，则入河南矣"的严重局势十分不安，他预计"二十年内，非一战不足以图存"。但遗憾的是，"国人犹沉酣未觉，注意东事少"。他认为："吾侪无他事可做，欲完自身以保子孙，止有磨砺以待日本。"1927年大革命失败后，中国时局发生了急剧变化，部分意志动摇者出卖了党，出卖了革命，沦落为可耻的叛徒，中国共产党陷入无尽痛苦的深渊之中。尽管如此，以

人格的力量

毛泽东为代表的中国共产党人并没有被敌人的血腥屠杀所吓倒，他们擦干身上的血迹，掩埋好同伴的尸体，高举革命大旗，重新扬起理想的风帆，坚定信念，投入到新的战斗中去。然而，这一时期在党内及红军中却有部分人缺乏对时局的正确认识，存在着错误的估量，因而对党与红军所处的形势与环境产生悲观的念头，不相信革命高潮有迅速到来的可能，甚至不赞成在军事上先争取江西，也不赞成用红色政权的巩固与扩大去逐渐促进全国革命高潮的到来，党内产生了"红旗到底能打多久"的疑问。但是，毛泽东却以其对共产主义光明前途的真切感受力、深刻洞察力和敏锐的预见性，断言中国共产党领导中国人民进行的革命事业必将胜利。他指出："大革命失败后革命的主观力量的确大为削弱，剩下的一点小小的主观力量，若据形式上看，自然要使同志们（有这样看法的同志们）发生悲观的念头，但若从实质上看便大大不然。这里用得着中国的一句老话：'星星之火，可以燎原。'"他更是以诗化的语言表达了这种坚定的理想信念："它是站在海岸遥望海中已经看得见桅杆尖头了的一只航船，它是立于高山之巅远看东方已见光芒四射喷薄欲出的一轮朝日，它是躁动于母腹中的快要成熟了的一个婴儿。"

1935年，日本加紧侵略中国，制造了华北事变，中华民族面临着亡国灭种的危机，但毛泽东始终对中国的前途充满信心。1936年7月，毛泽东在同美国记者斯诺的谈话中坚定地表示："我们深信，中国人民是不会向日本帝国主义屈服的。我们深信他们会把他们的巨大潜力动员起来，投到抗日的战场上去的，他们会全力以赴地去对付侵略者的挑战。

在这场斗争中，最后胜利必定属于中国人民。"抗日战争胜利前夕，在中国共产党第七次代表大会的闭幕式上，毛泽东用愚公移山的故事激励全党争取中国革命的最后胜利。他说："现在也有两座压在中国人民头上的大山，一座叫做帝国主义，一座叫做封建主义。中国共产党早就下了决心，要挖掉这两座山。我们一定要坚持下去，一定要不断地工作，我们也会感动上帝的。这个上帝不是别人，就是全中国的人民大众。全国人民大众一齐起来和我们一道挖这两座山，有什么挖不平呢？"

毛泽东在寻求中华民族独立富强的道路上，在革命实践过程中，逐渐认识到马克思主义的真理特质，并用其来指导分析中国革命和建设的实践，这种理想和信念具有鲜明的科学性和实践性，因此，在毛泽东身上表现得坚决而恒久，成了毛泽东矢志不渝的信念和追求。这种对共产主义理想坚定不移的追求，是毛泽东人格风范的重要组成部分，使毛泽东在任何困难和曲折面前都不曾低头，带领中国人民千方百计地克服困难，勇敢前行，直至胜利。

二、实事求是的精神特质

实事求是是毛泽东重要的精神特质，是毛泽东思想的精髓，贯穿于毛泽东革命生涯的整个过程，引导中国革命一步步走向胜利。

毛泽东实事求是的思想作风，深受湘学文化传统中经世致用思想的影响。

人格的力量

作为一种地域性的传统文化，湘学既具有中国传统文化的一般特征，也具有湖湘地域性知识分子群体的突出特点，即在讲究内圣修养的同时，特别强调外王经世，形成了崇尚经世致用的务实传统。这一传统可追溯到历史上的湖湘学派和船山之学。鸦片战争以后，中国逐渐沦为半殖民地半封建社会。在民族危机与社会危机的催发下，王船山倡导的经世观念，在湖湘士人中形成了突出的经世实学风尚，他们倡导注重现实实际的务实学风。其著名的思想代表首推魏源；魏源之后，湘军集团继承和发扬了经世务实传统；戊戌维新时期，谭嗣同变法维新的激进主张与吸纳西学的气魄，使经世务实观念在新的历史条件下得到进一步发扬。

青年毛泽东非常推崇经世致用的思想，并把它作为一种治学精神传承下来。在《讲堂录》中，他抄录了顾炎武的学生潘耒为《日知录》撰写的序文以自勉："昆山顾宁人先生，生长世族，少负绝异之资，潜心古学，九经诸史，略能背诵。尤留心当世之故，实录奏报，手自钞节，经世要务，一一讲求。……然忧天悯人之志，未尝少衰。事关民生国民者，必穷源溯本，讨论其所以然。足迹半天下，所至交其贤豪长者，考其山川风俗，疾苦利病，如指诸掌。"[①] 因此，毛泽东十分重视现实问题的研究。1919年9月，他在为"问题研究会"草拟的章程中，提出了有关中国和世界的政治、经济、社会、教育、劳动、国际形势等方面的大小问题140多个，如教育的普及、改革、基础设施的建设问题；女子参

---

① 《毛泽东早期文稿》，第599页。

政、教育、职业、交际、贞操、恋爱问题；东西方文明汇合问题；婚姻制度、家族制度、国家制度的改良及应否废弃问题；劳动时间、劳工教育、福利、报酬问题；民族自决问题；经济自由问题；国际联盟问题；社会主义能否实施问题；民众的联合如何进行问题；印度自治、爱尔兰独立、土耳其分裂、埃及骚乱、处置德皇问题；实业、交通、财政问题等。这显示了青年毛泽东对国内外现实问题的普遍关注。

　　经世致用的务实思想在毛泽东促进马克思主义中国化的过程中起到重要作用。他明确提出：必须把马克思主义理论与中国实际结合起来；马克思主义普遍真理必须解决中国革命和建设的实际问题。大革命期间，中国共产党内面对风起云涌的农民运动有不同意见。为了切实回答党内对农民问题的争论，从1927年1月4日开始，毛泽东在戴述人等陪同下，身着蓝布长衫，脚穿草鞋，手拿雨伞，考察了湘潭、湘乡、衡山、醴陵、长沙五县。经过实地考察，毛泽东对农民运动有了更深刻的认识。2月12日，毛泽东由长沙回到武汉，住进武昌都府堤四十一号。16日，他致信中共中央，在简要报告考察行程后指出："在各县乡下所见所闻与在汉口在长沙所见所闻几乎全不同，始发见我们从前对农运政策上处置上几个颇大的错误点。"随后，毛泽东写出了著名的《湖南农民运动考察报告》。在报告中，他叙述了湖南农民所做的十四件大事，认为都是革命的行动和完成民主革命的措施，说农民革命"攻击的形势，简直是急风暴雨，顺之者存，违之者灭。其结果，把几千年封建地主的特权，打得个落花流水"。"孙中山先生致力国民革命凡四十年，所要做而没有做到的事，农民在几个月内做到了。这是四十年乃至几千年未曾成就过的奇勋。这是好得很。"报告还提出，要"推翻地主武装，建立农民武装"。虽然毛泽东对于农民运动的看法没有影响党的最高决策，但是毛泽东求真务实的精神气质在这次党内争论中显露无遗，也为此后他开辟中国特色革命道路奠定了基础。

1927年9月，毛泽东领导秋收起义失败后，开始了将中国革命重心放在农村的艰难探索，最终探索出一条农村包围城市的中国特色革命道路。然而，这一探索并非一帆风顺，其中充满了挫折失败和党内的争论。面对这些挫折失败和争论，毛泽东以其求真务实的态度深入农村做认真的调查研究工作，为中国共产党探索中国特色革命道路做出了巨大贡献。井冈山斗争"八月失败"后，毛泽东在给中共中央的报告中，严厉地批评湖南省委代表杜修经"不查当时环境……只知形式的执行湖南省委向湘南去的命令"，"结果招致边界与湘南两方面的失败，其错误实在非常之大"。1929年，对于红四军七大前后发生的围绕要不要设立军委的争论，毛泽东尖锐地指出：引起这场争论的原因之一是"一种形式主义的理论从远方到来"。这些人坚持设立军委的理由看起来是冠冕堂皇的："既名四军，就要有军委"，"完成组织系统应有军委"。但这些说法完全是形式主义的，"现在只有四千多人一个小部队，并没有多数的军"。"行军时多的游击时代与驻军时多的边界割据时代又绝然不同，军队指导需要集中而敏捷。少数同志对这些实际理由一点不顾及，只是形式地要在前委之下、纵委之上硬生生的插进一个军委，人也是这些人，事也是这些事，这是什么人都明白在实际上不需要的。然而少数同志们费尽九牛二虎之力，非要设立不可，究竟有什么理由可以说明呢？""形式上弄得再好看又有什么用处呢？"，并且"形式主义之来源是由于唯心主义"。①

古田会议后，红四军回师赣南，分兵发动群众，深入开展土地革命，在赣南逐步形成一块比较巩固的根据地。1930年5月，红四军在地方武装配合下攻克寻乌县城，在这里停留了一个月，环境比较安定。这样长时间的停留，在红四军主力离开井冈山后是少见的。毛泽东利用红四军正分散在安远、寻乌、平远发动群众的机会，在寻乌县委书记古柏协助下，接连开了十多天座谈会，进行社会调查。这是他以前还没有过的规模最大的一次调查。调查的目的性很明确。毛泽东说过：这正是对"中国的富农问题我还没有全般了解的时候，同时我对于商业状况是完全的门外汉，因此下大力来做这个调查"。参加调查会的有一部分中级干部，一部分下级干部，一个穷秀才，一个破产了的商会会长，一个在知县衙门管钱粮的已经失了业的小官吏，共11人。毛泽东把这次调查的结果，整理成《寻乌调查》，共5章39节，8万多字。这个调查，针对寻乌县的地理环境、交通、经济状况及其历史发展过程和特点。经过寻乌调查，毛泽东懂得了城市商业状况，掌握了分配土地的各种情况，为正确制定正确对待城市贫民和商业资产阶级的政策，为确定土地分配中限制富农的"抽肥补瘦"的原则，提供了实际依据。他说："我作了寻

---

① 《毛泽东文集》第一卷，人民出版社1993年，第74页。

乌调查，才弄清了富农与地主的问题，提出解决富农问题的办法，不仅要抽多补少，而且要抽肥补瘦，这样才能使富农、中农、贫农、雇农都过活下去。假若对地主一点土地也不分，叫他们去喝西北风，对富农也只给一些坏田，使他们半饥半饱，逼得富农造反，贫农、雇农一定陷于孤立。当时有人骂我是富农路线，我看在当时只有我这办法是正确的。"

和进行寻乌调查同一时期，毛泽东写出了他的名作《反对本本主义》。这是毛泽东多年来从事调查研究的理论总结。文章劈头就提出一个重要的命题："没有调查，没有发言权。""你对于某个问题没有调查，就停止你对于某个问题的发言权。"文章尖锐地批评党内讨论问题时有人开口闭口"拿本本来"。强调必须把上级所做的决议、指示同本地区、本部门实际情况结合起来。"不根据实际情况进行讨论和审察，一味盲目执行，这种单纯建立在上级观念上的形式主义的态度是很不对的。"毛泽东接着又阐述了共产党人对马克思主义应该采取的正确态度。"我们说马克思是对的，决不是因为马克思这个人是什么先哲，而是因为他的理论，在我们的实践中，在我们的斗争中，证明了是对的。我们的斗争需要马克思主义。我们欢迎这个理论，丝毫不存什么先哲一类的形式的甚至神秘的念头在里面。"他从这里得出一个极端重要的结论："马克思主义的本本是要学习的，但是必须同我国的实际情况相结合。"换句话说，必须把马克思主义理论同中国的实际情况相结合。

1930年10月，毛泽东在兴国做调查。这次调查的特点是：第一，做了8个家庭的调查，这是他过去从来没有做过的，而没有这种调查，就不能有农村的基础概念。第二，调查了各阶级在土地斗争中的表现，这是他在寻乌调查中做了而没有做得完全的。毛泽东在整理后记中说："实际政策的决定，一定要根据具体情况，坐在房子里想象的东西，和看到的粗枝大叶的书面报告上写着的东西，决不是具体的情况。倘若根据'想当然'或不合实际的报告来决定政策，那是危险的。过去红色区域弄出了许多错误，都是党的指导与实际情况不符合的缘故。所以详细的科学的实际调查，乃非常之必需。"1931年3月，毛泽东在他起草的一个通知中写道："我们的口号是：一、不做调查没有发言权。二、不做正确的调查同样没有发言权。"

毛泽东求真务实的精神，体现在勇于承认并纠正党犯的错误上。1947年，在土地改革的过程中，有些地方产生了"左"的错误倾向，毛泽东及时发现并纠正了这种错误。1947年12月15日至1948年4月，毛泽东先后在党的中央会议上所做的《目前形势和我们的任务》《关于目前党的政策中的几个重要问题》《在不同地区实施土地法的不同策略》《纠正土地改革宣传中的左倾错误》《新解放区土地改革要点》等报告和讲话中，阐述了在土地改革、整党、革命统一战线问题中，必须严格遵守的一系列原则和政策，为从思想上、政策上纠正"左"的倾向，使土改运动沿着正确的方向健康发展，指明了方向。1948年4月1日，毛泽东在晋绥干部会议上强调指出："无产阶级领导的，人民大众的，反对帝国主义、封建主义和官僚资本主义的革命，这就是中国的新民主主义的革命，这就是中国共产党在当前历史阶段的总路线和总政策。""依靠贫农，团结中农，有步骤地、有分别地消灭封建剥削制度，发展农业生产，这就是中国共产党在新民主主义的革命时期，在土地改革中的总路线和总政策。"各解放区的各级领导，遵照中共中央和毛泽东的有关指示和讲话精神，在认真总结前段土改工作经验教训的基础上，结合本地实际，制定出了相应的政策、法令，认真纠正了"左"的错误。1962年1月，党中央为了纠正"大跃进"的错误，在北京召开了七千人大会。1月30日，毛泽东在会上的讲话中作了自我批评，带头承担所犯错误的责任。毛泽东说："凡是中央犯的错误，直接的归我负责，间接的我也有份，因为我是中央主席。我不是要别人推卸责任，其他一些同志也有责任，但是，第一个负责的应当是我。"

毛泽东在长期的严酷的革命斗争实践中，始终坚持"求真务实、经世致用"的态度，锤炼出一整套科学的工作方法：极端重视实际，重视通过认真的调查研究来认识实际问题，坚持从当时当地的具体情况出发，充分考虑到客观事物方方面面的复杂因素和变动状况，集中群众智慧又经过审慎的深思熟虑，找出切实可行的解决问题的办法用来指导工作，而不是根据想当然或不合实际的第二手材料轻率地决定政策，这是毛泽东能够带领中国共产党人取得革命胜利的重要原因。

三、心系百姓的为民情怀

民族的独立、国家的强盛和百姓的幸福，是毛泽东毕生的理想与心愿，他心系百姓、相信百姓、依靠百姓，百姓的苦与乐、悲与喜、荣与辱，都令他魂牵梦萦、鞠躬尽瘁、倾尽心血。作为党、军队、国家的主要缔造者和领导人，无论在新民主主义革命时期，还是社会主义革命与建设时期，他都站在劳苦大众的立场上，始终践行全心全意为人民服务的宗旨，时时刻刻体现着其扎根民众、情系百姓的历史情缘，依靠群众、以人民为师的深邃智慧，立足苍生、鱼水情深的博大情怀，质朴无华、终生不变的百姓特质。

从出生到16岁前，毛泽东一直生活在韶山这个山沟里，身边的人自然都是农民，发生的事也多是农事。毛泽东从6岁起就开始做一些家务和农活。8岁开始读私塾时，他还要早晚放牛拾粪。特别是在14岁到15岁的大约两年时间里，他几乎天天跟家里的长工一起干活，所以犁、耙、栽、割等全套农活样样在行。他常常跟长工们进行比赛，抢重活干，由此逐渐形成了山区百姓那种吃苦耐劳、勤快朴实的农家本色。毛泽东的母亲经常帮助和接济身边有困难的人，遇到灾荒年月，还不时背着丈夫送米给逃荒的人。母亲这种淳朴善良、同情贫弱的言传身教，深深地影响着年少的毛泽东。正因如此，他从小就对百姓的疾苦体会很深，对劳苦大众给予无限同情。

一个名叫李南华的农民曾在毛泽东家做短工，还租种了他家的两亩地。一年秋收后，父亲叫毛泽东去李家收租谷，但那年庄稼长得并不好，并且李家人多粮少。看到这种情况后，毛泽东什么也没说就转身回家，到谷仓里把谷子堆得高高的，像是又增加了不少谷子似的。父亲看

人格的力量

到高高的谷堆，以为收回的租谷已堆回谷仓，便不再追问。毛泽东不仅将这件事瞒过父亲，后来还一直关心着李南华一家，甚至劝说父亲把那两亩地转给李南华。毛泽东家附近的一个农民，曾收下定金把自己的猪卖给了毛泽东的父亲。几天后父亲派毛泽东去赶猪时，市场上的猪价却涨了。这个农民感叹自己的运气不好，还说少了几块钱对富人不打紧，对穷人家里却是个大空缺。毛泽东听后，随即就把这桩买卖退掉了。即便是素昧平生的陌生人，甚至乞丐，毛泽东也是真心诚意地去帮助他们。

年少的毛泽东不仅同情、关心百姓，还极富正义感，敢于打抱不平。有一年，村里一个叫毛承文的贫苦农民几次带领穷人"吃大户""闹平粜"，并揭发了族长在修祠堂时贪污公款的丑行。族长恼羞成怒，给毛承文扣上了破坏族规的罪名，押进祠堂准备毒打。虽然很多人都愤愤不平，但却敢怒不敢言，唯有毛泽东毫无惧色，秉公直言，据理力争。族长见毛泽东是村里较富裕的毛顺生的儿子，加之众怒难犯，怕把事情闹大不好收拾，最后不得不放了毛承文。

1910年4月，发生了被毛泽东后来称为"影响了我一生"的事件——长沙饥民暴动。因为荒年粮价飞涨，有人全家投河自尽，饥民们去衙门请愿却遭到枪击。饥民们在忍无可忍的情况下放火烧了巡抚衙门，捣毁了外国洋行、轮船公司和税关。清政府遂派兵镇压，结果暴动惨遭失败，被捕的饥民不计其数，很多人被杀后头颅悬挂在长沙城的南门外示众。这件事使毛泽东的心情久久不能平静，他觉得那些参加暴动的饥民也同自己的家里人一样是无辜的百姓，只是被逼得走投无路，所

第一章 毛泽东的人格风范

以才起来造反。百姓们的这种悲惨境遇，在少年毛泽东的心中打下了深深的烙印。

作为中国革命的领袖，毛泽东的百姓情怀主要体现在从最广大人民群众的根本利益出发，制定各项方针政策上。1934年1月，毛泽东在第二次全国苏维埃代表大会上明确提出"真心实意为群众谋利益"的问题。他说："要得到群众的拥护吗？要群众拿出他们的全力放在战线上去吗？那么，就得和群众在一起，就得去发动群众的积极性，就得关心群众的痛痒，就得真心实意为群众谋利益，解决群众的生产和生活的问题，盐的问题，米的问题，房子的问题，衣的问题，生小孩的问题，解决群众的一切问题。我们是这样做了么，广大群众就必定拥护我们。"他特别强调说："我郑重地向大会提出，我们应该深刻地注意群众生活的问题，从土地、劳动问题，到柴、米、油、盐问题。妇女群众要学习犁耙，找什么人去教她们呢？小孩子要求读书，小学办起了没有呢？对面的木桥太小会跌倒行人，要不要修理一下呢？许多人生疮害病，想个什么办法呢？一切这些群众生活上的问题，都应该把它提到自己的议事日程上。应该讨论，应该决定，应该实行，应该检查。要使广大群众认识我们是代表他们的利益的，是和他们呼吸相通的。"

1941年和1942年是抗日战争时期中国共产党最为困难的时期。毛泽东曾这样描述当时的困境："我们曾经弄到几乎没有衣穿、没有油吃，没有纸，没有菜，战士没有鞋袜，工作人员在冬天没有被盖……我们的困难真是大极了。"为此，中央决定1941年征粮20万担，比1940年的

9万担增加1倍还多,是抗战以来对边区征粮的最高数字。加之当时只有盐能与外边交换,而产盐地与交换地点又有距离,于是要求陕北的老百姓运输公盐6万驮。这个办法把老百姓搞得相当苦,怨声载道。1941年6月的一天,边区政府开会时打雷,县长因雷击身亡,拴在会场柱子上的一头驴也被雷劈死。陕北的个别老百姓就说:哎呀,雷公咋不打死毛泽东?当时保卫部门要追查,被毛泽东制止了。他认真反思,开始着手研究经济问题和财政问题,痛下决心采取减租减息、开展大生产运动、实行精兵简政等多管齐下的办法,以减轻人民群众的负担。他总结道:"如果我们做地方工作的同志脱离了群众,不了解群众的情绪,不能够帮助群众组织生产、改善生活,只知道向他们要救国公粮,而不知道首先用百分之九十的精力去解决他们'救民私粮'的问题,然后用百分之十的精力就可以解决他们救国公粮的问题。"他还强调指出:"一切空话都是无用的,必须给人民以看得见的物质福利。"

虚心向普通群众请教,以人民为师,这是毛泽东百姓情怀的重要方面。"拜人民为师,这就灵了。"这是解放战争时期毛泽东在接见国民党投诚将领郑洞国时,就他"你的马列主义为什么学得这样好"的提问做出的回答。毛泽东很早就认识到这一点,领悟到依靠群众、以人民为师的深邃智慧。在早年的私塾教育中,中国传统的民本思想就对毛泽东幼小的心灵产生了一定的影响。后来在长沙求学时,他曾讲:"人心即天命,故曰天视自我民视。天命?何理也?能顺乎理,即不违乎人;得其人,斯得天矣。然而不成者,未之有也。"马克思主义传入中国后,他逐步树立起科学的世界观和方法论，并越来越深刻地认识到依靠群众、以人民为师的重要性和必要性。1920年，毛泽东在《湘江评论》发刊词中提出："世界上什么力量最大，民众的联合的力量最大！"此后，这一认识随着革命实践的发展而不断深化。土地革命战争时期，他提出："真正的铜墙铁壁是什么？是群众，是千百万真心实意地拥护革命的群众。""这是真正的铜墙铁壁，什么力量也打不破的，完全打不破的。""革命战争是群众的战争，只有动员群众才能进行战争，只有依靠群众才能进行战争。"

毛泽东在回顾自己从事社会调查的经验时曾说道："我在湖南五县调查和井冈山两县调查，找的是各县中级负责干部；寻乌调查找的是一部分中级干部，一部分下级干部，一个穷秀才，一个破产了的商会会长，一个在知县衙门管钱粮的已经失了业的小官吏"，"他们都给了我很多闻所未闻的知识"。此外，"使我第一次懂得中国监狱全部腐败情形的，是在湖南衡山县做调查时该县的一个小狱吏"。类似的，"兴国调查和长冈、才溪两乡调查，找的是乡级工作同志和普通农民"。他从这些调查中归纳出的经验是，"这些干部、农民、秀才、狱吏、商人和钱粮师爷，就是我的可敬爱的先生，我给他们当学生是必须恭谨勤劳和采取同志态度的"。由此，他得出结论："没有满腔的热忱，没有眼睛向下的决心，没有求知的渴望，没有放下臭架子、甘当小学生的精神，是一定不能做，也一定做不好的。"

1945年7月，当民主人士黄炎培询问中共如何跳出"其兴也勃焉""其亡也忽焉"和"人亡政息"的国家兴衰周期律时,毛泽东满怀信心地回答说:"我们已经找到新路,我们能跳出这周期律。这条新路,就是民主。只有让人民来监督政府,政府才不敢松懈。只有人人起来负责,才不会人亡政息。"他还强调说,只要"把党内、党外广大群众的积极性调动起来","我们的工作就会越做越好,我们遇到的困难就会较快地得到克服,我们事业的发展就会顺利得多"。

中华人民共和国成立以后,毛泽东依然保持了这一信念和做法,强调人民群众在社会主义革命和建设中的主体地位。他曾用古希腊神话里安泰的故事来教育党员干部。安泰的母亲是大地,当安泰紧靠大地时,就能从母亲身上汲取无穷的力量从而战无不胜,但当他离开大地母亲后,就会被敌人打败并杀害。为此,他指出:共产党人好比安泰,人民群众就是大地母亲,共产党人一刻也不能脱离人民群众,否则就要丧失力量,遭到失败。正因这一深刻见解,他才在以往认识的基础上又提出:人民高于一切,重于一切,所以搞社会主义的关键就在于调动、发挥和保护人民群众的积极性,只要坚定地相信群众,依靠群众,充分调动广大人民的积极性、主动性、创造性,就一定能够把中国建设成一个强大的社会主义国家。为此,他明确告诉全党:"群众中蕴藏了一种极大的社会主义的积极性",他们"有无限的创造力",而我们的责任就是要充分调动人民群众的积极性,发挥人民群众的创造性,"向一切可以发挥自己力量的地方和部门进军,向生产的深度和广度进军,替自己创造日益增多的福利事业"。

毛泽东的百姓情怀，还体现在日常生活中与身边工作人员、亲人、朋友的交往过程中。在延安时期，不管工作有多忙，每年春节毛泽东都要到当地基层政府给民众拜年。他借这个特殊时机和特殊形式，一来可以加深同群众的感情，进一步密切与百姓的关系；二来可以深入调查研究，直接倾听百姓的意见和呼声，了解民心民情。1941年春节的前一天，毛泽东一大早就到枣园乡政府向大家拜年。落座后，毛泽东说："今天第一件事是给大家拜年，第二件事是征求大家对当前工作的意见和看法。"他特别强调说："大家要谈我们不足的地方，谈我们的缺点和错误。"当看到众人的顾忌和拘谨后，他解释道："我们共产党是真心实意为老百姓服务的，制定的各种规章制度和方针政策，都是要让大多数人开心满意，符合人民群众的利益，得到人民群众的拥护欢迎。"他诚恳地说："如果听不到你们的心里话，得不到你们的批评帮助，不知道你们在想什么，不了解你们的希望和要求，我们的工作就失去了方向和目标，我们的决策就会出现偏差和失误。你们说是不是这个道理呀？"于是，各位乡亲畅所欲言，讲述了自己对共产党政策的态度和意见。

杨步浩是延安时期和毛泽东来往最频繁的农民，他们之间的友情长达30余年。1942年，陕甘宁边区政府号召全体军民开展大生产运动，毛泽东等中央领导人也要交公粮。杨步浩得知后，觉得首长们工作那么忙，哪有时间种地交粮呢？于是决定代首长们耕地。毛泽东听说后，为杨步浩这一朴实而真诚的想法所感动，因此也就同意了。当杨步浩将300多斤新粮送到中共中央办公厅时，毛泽东亲切地接见了他，并倾听了他的苦难身世和代耕原委。从这以后，毛泽东和杨步浩成了好朋友，并都为对方的事挂上了心。杨步浩知道毛泽东喜欢吃辣椒，就自己种了些辣椒，时不时给毛泽东送去。毛泽东虽然从不给自己过生日，却很重视杨步浩的生日。1945年杨步浩40岁生日时，毛泽东就派专人到他家祝寿。

1945年12月，儿子毛岸英从苏联回到延安，毛泽东郑重地对他说："你在苏联的大学毕业了，可是你学的只是书本上的知识，你还没有上过中国的劳动大学，到农村去，拜农民为师。在这个大学里，可以学到许多书本上学不到的知识。"经过一段时间的劳动，当看见儿子手上磨出血泡时，毛泽东说："农民手上有老茧，你手上却有血泡，说明你还没学好，等手上老茧厚了，才能说你在劳动大学毕业了。"这种上劳动大学和拜农民为师的做法，从另一个侧面体现了毛泽东依靠群众、以人民为师的百姓情怀。

毛泽东成为开国领袖后，家乡韶山的百姓莫不以此为荣，给他写信的人很多，而他也几乎每信必复，信中饱含热爱桑梓的赤子之情。仅1949至1965年，他给韶山的书信就多达百余封。毛泽东与亲友乡人通信，不仅仅是联络乡情，还有了解社情民意和百姓疾苦的作用。如1950年4月，他在给同学毛森品的信中就直接问到乡间的情况，并请"尚祈随时惠示"。又如在给表兄文运昌的信中也说："地方工作缺点甚多，应予纠正"，"乡间情形可来信告我"。这是他给亲友乡人的信中常常提及的要点。除通信外，受他邀请或经他同意来北京做客的韶山乡亲也有60

余人次。每与乡亲相遇，他总是绵绵话旧，乐而忘倦。在此期间，就是再忙再累，他也不辞劳苦，亲自接待，临别时还要按照韶山的旧礼，给客人添置衣物，甚至拿钱接济困难的亲友。而这些开销都是从他的工资和稿酬中支付。

毛泽东的一生，是为人民福祉不懈探索、追求与奋斗的一生。他那博大深沉的百姓情怀，不仅继承了中华民族"以民为本"的传统思想，更释放着马克思主义唯物史观和党的群众路线的灿烂光辉。毛泽东曾说："我这个人听不得穷困百姓的哭声，看到他们流泪我就忍不住掉泪；他们有困难，我就看不下去，愿意帮助他们。"如果说他年少时的前述善举有些是出于同情的话，那到了革命时期，这种感情就演变为一种真挚的关爱。把群众视同亲人，想为他们做事，为他们服务，为他们奋斗。当然，这种感情是相互的，广大百姓也一样热爱着他，把他当作自己的亲人。

四、廉洁奉公的公仆意识

毛泽东一生为民族求解放，为人民谋幸福，建立了不朽的丰功伟业，但他对自己的要求却非常严格。无论是在条件艰苦的革命战争年代，还是在中华人民共和国成立后有条件享受的情况下，他在生活上从来不搞特殊化，并注意以身作则、率先垂范，用自己克己奉公的行为教育全党。古人云：吏不畏我严而畏我廉，民不服我能而服我公，公则明，廉则威。时至今日，国内仍不断掀起"毛泽东热"，人们用各种方式来表达他们对毛泽东的敬仰之情，这在很大程度上正是出于对他这种崇高无私的伟大人格力量的缅怀。

早在井冈山时期，毛泽东就毅然废除中国数千年旧军队官兵不平等的腐败恶习，在红军中带头实行官兵一致。他和红军战士一起吃红米饭、喝南瓜汤，粮食紧张时还带头吃野菜，战士们为此编了歌谣：毛委员带头吃野菜，艰苦作风传万代。瑞金时期，身为中华苏维埃共和国主席的他，粮食定量却只及普通战士的3/4。在长征路上，毛泽东患有足疾，却常常把配给自己的担架和马匹让给伤病员。在"高原寒、炊断粮"的情况下，他同样和战士一起忍冻挨饿。有一次，警卫员为他多领了20个红辣椒，被他严令退还。他严肃指出："我们是红军，作为领袖怎么能搞特殊？"中华人民共和国成立后条件虽然好了些，但毛泽东从1952年到1962年没做过一件新衣服，线袜、毛巾、睡衣、被子都是补了又补，50年代穿的一件睡衣到1971年已补了73个补丁。仅有的一只手表，还是新中国成立前郭沫若在重庆送给他的，一直戴到临终。

毛泽东一生粗茶淡饭，最好的伙食改善只不过是一碗红烧肉。三年困难时期，他为农民挨饿而流泪，带头实行"三不"：不吃肉、不吃蛋、吃粮不超量，7个月不吃一口肉，身体力行，坚持和人民群众同甘共苦，一起勒紧裤带，共渡难关。他嗜好抽烟，但从不抽公家烟。20世纪60年代，工作人员听说国外有种烟嘴能减少有害物质的吸入，便委托外交部买了两打。生活管理员想在招待费中报销这笔开支，毛泽东坚决反对，要求从自己的稿费中扣除。他常说："中国不缺我毛泽东一个人吃的花的。可是，我要是生活上不检点，随随便便吃了拿了，那些部长们、省长们、市长们、县长们都可以吃了拿了，那这个国家还怎么治理呢？"

毛泽东以天下为己任，反对一切特权思想，尤其反感突出个人、脱离群众的做法。据他身边的工作人员回忆，抗美援朝战争时期，中央机关的行政处长拿来一份图纸，要给毛泽东翻修房屋，他当即予以严厉批评："全国人民捐钱捐物支援前线，你为什么就不想想前线只想到我的房子？我在这里多点一盏灯都舍不得，你就敢花那么多？" 1950年5月，沈阳市各界人民代表会议为纪念中华人民共和国成立，决定在市中心修建一座开国纪念塔，并拟在塔上铸毛泽东铜像。为此，市政府致函中央新闻摄影局请求代摄毛泽东全身像。毛泽东在来函"修建开国纪念塔"旁批："这是可以的"，在"铸毛泽东铜像"旁批："只有讽刺意义"，并在新闻摄影局的公函上正式批复："铸铜像影响不好，故不应铸"。同年9月，毛泽东得知要在他的家乡建别墅、修公路的事后，立即给湖南省党政负责同志写信说："据说长沙地委和湘潭县委现正在我的家乡为我建筑一所房屋并修一条公路通我的家乡。如果属实，请令他们立即停止，一概不要修建，以免在人民中引起不良影响。是为至要。"

作为全党和全国人民的领袖，毛泽东对封建社会那种"一人得道，鸡犬升天"和"封妻荫子"等腐朽做法十分厌恶，一直严格要求亲属故友真正做人民的公仆，不允许他们利用自己的权力和地位谋取任何私利。他对子女要求严格，勤加教诲。当年毛岸英刚从苏联回到延安后不久，毛泽东便送他到杨家岭拜劳动模范为师，要求他深入了解劳动人民的疾苦，以使他真正成为其中的一员。抗美援朝战争爆发后，他又毅然将毛岸英送往朝鲜前线。而当毛岸英牺牲后，他又决定将其遗骨与其他志愿军战士一同安葬在朝鲜。

李讷是毛泽东的小女儿，生于陕北，从小跟随父亲转战四方，受过不少苦。三年困难时期她正上学，连饭也吃不饱，毛泽东的卫士长李银桥搞了一包饼干悄悄地送去，毛泽东知道后严肃批评他："三令五申，为什么还搞特殊化？"李银桥说："别的家长也有给孩子送东西的。"毛泽东把桌子一拍说："我的孩子一块饼干也不许送。"那时，有的卫士想让李讷经常回家和爸爸一起吃饭，毛泽东却坚持说："我是国家干部，国家按规定给我一定待遇。她是学生，按规定不该享受就不能享受。还是各守本分的好，我和我的孩子都不能搞特殊。"李讷住校路途较远，又是一个女孩子，李银桥担心路上不安全，星期六晚上用车接她。毛泽东又批评说："别人孩子能回家，我的孩子为什么就不行？""不许接，说过的要照办，让她自己骑车子回来。"

毛泽东对亲戚朋友严格要求，公私分明，从不用自己的职权为他们办私事。他处理亲友关系始终坚持三条交往原则：恋亲，但不为亲徇私；念旧，但不为旧谋利；济亲，但不以公济私。中华人民共和国成立后，毛泽东陆续接待了一些来自家乡的亲友。来的时候，他都热情款待，走的时候，常常给一些钱，解决他们的困难。这些招待和接济亲友的钱，都是从他的工资和稿费中支取的，从未用过公家的一分钱。

中华人民共和国成立后，他母亲家的一些亲戚经常到北京看望他，有的人回乡后非常神气，摆架子，不把当地政府放在眼里。毛泽东知道这一情况后，写信给乡政府表明自己的态度："文家任何人，都要同乡里众人一样，服从党与政府的领导，勤耕守法，不应特殊。请你们不要因为文家是我的亲戚，觉得不好放手管理。我的态度是：第一，因为他们是劳动人民，又是我的亲戚，我是爱他们的。第二，因为我爱他们，我就希望他们进步，勤耕守法，参加互助合作组织，完全和众人一样，不能有任何特殊。如有落后行为，应受批评，不应因为他们是我的亲戚就不批评他们的缺点和错误。"这就保证了那些亲友无法利用与他的特殊关系作威作福，干些出格的事。

毛泽东有八个表兄弟，他们的关系很好。中华人民共和国成立后，毛泽东曾多次给他们写信，寄钱寄物，并接他们上京做客。但当他们提出要毛泽东帮助谋职时，他都未答应。他说，这样做，人民会说话的。毛泽东二舅的三儿子文南松，1950年写信请求毛泽东给胞兄文运昌介绍工作。毛泽东回信说："运昌先生的工作，不宜由我推荐，宜由他自己在人民中有所表现，取得信任，便有机会参加工作。"毛泽东大舅的儿子文涧泉，与其感情甚笃。中华人民共和国成立后，他与毛泽东多有书信往来，并七次上京会晤。但当他请毛泽东为其本家好友文凯在北京找一个工作时，毛泽东则回信："文凯先生宜在湖南就近解决工作问题，不宜远游，弟亦未便直接为他作介，尚乞谅之。"中华人民共和国成立初，杨开慧的哥哥杨开智欲进京工作，毛泽东得知后给时任湖南省委第一副书记的王首道去信说："杨开智等不要来京，在湘按其能力分配适当工作，任何无理要求不应允许。"同时还写信给杨开智说："希望你在湘听候中共湖南省委分配合乎你能力的工作，不要有任何奢望，不要来京。湖南省委派你什么工作就做什么工作，一切按正常规矩办理，不要使政府为难。"1950 年 5 月，毛泽覃夫人周文楠的侄子周起鹗致信毛泽东要求调换工作，毛泽东回信说："先生仍以在现地工作为好，虽不适意，犹胜于失职（业）者，尚希安心从事，然后徐图改进。"

韶山毛泽东故居的厨房墙壁上挂着一个小竹筒，这是当年毛泽东全家装牙粉用的。后来，毛泽东一生都保持着在家乡养成的使用牙粉的习惯。20 世纪 60 年代后，牙膏已大量面世，牙粉逐渐被取代，市面上出售的牙粉也越来越少，于是工作人员便不得不多为他储存一些。有一次毛泽东在卫生间洗漱完毕后，卫士长李银桥劝他说："主席，现在已经很少有人使用牙粉了，您以后也使用牙膏吧。"毛泽东则说："我不反对你们用牙膏，用高级牙膏，生产出来就是为了用的嘛。都不用生产还能发展吗？不过牙粉也可以用嘛，我在延安就是用的牙粉，已经习惯了噢！"后来工作人员问他，如果以后牙粉不生产了，他是否会用牙膏时，毛泽东笑着说："牙粉还是会生产的，因为还有人用嘛。至于我嘛，今后如果每一个中国人都用上牙膏了，我就不再用牙粉了。"

毛泽东曾说："人生几乎有一半时间是在床上度过的，至于我更是比一般人在床上度过的时间多。因此，我的床一定要舒服一些。"这并不是说他睡觉的时间比别人长,而是因为他习惯于在床上读报看书、批阅文件。床对他来说,不只是睡觉休息的工具,更是办公学习的场所。而他说的舒服一些的床,其实就是指在农村普遍使用的木板床。1949年3月,毛泽东入住香山双清别墅,刚进卧室他就有些生气,因为里面摆着一张弹簧床。为此,他坚持要等有了木板床再休息。这可把工作人员急坏了,相关同志只得赶紧找来木匠,连夜为他赶制了一张木板床,毛泽东见到木板床后才满意地去睡觉。几个月后,他搬进了中南海丰泽园,这张床也一起搬了过去,随后还进行了改造。经改造后的床更宽了,可以放很多书,同时还有了倾斜度,高的那边用来休息,低的那边用来放书。对此,毛泽东非常满意,之后就一直睡在这张木板床上。

毛泽东投身革命几十年,领导过世界上最大的政党和最多的人口。但他深知他的权力是人民给的,作为党和人民的领袖,应为人民掌好权、用好权,所以他绝不利用权力谋取任何个人私利,不搞政治上、生活上的特殊化,他的子女、亲友中也没有一个人仰仗他的权势升官发财。在他身后,没有留下任何家产,他留给人民和子孙后代的是为人民无私奉献的精神和廉洁奉公的公仆形象。这是一笔最宝贵的精神遗产,值得我们今天的共产党人很好地继承并使之发扬光大。

毛泽东一向主张从严治党。他历来认为,对党内和政府内的各种消极现象和腐败行为,要毫不留情地严厉惩处,绝不能心慈手软。要坚决把那些违法乱纪、以权谋私的贪污腐化分子从党内和国家政权机关中清除出去,特别是对那些位高权重和资深功高者更要严肃对待、从重惩处，以引起全党的警醒和全社会的重视。

早在瑞金时期，鉴于中央苏区开始出现腐败现象，毛泽东就亲自领导开展了历时两年的反贪污反浪费运动，这是中国共产党历史上第一次大规模的反腐运动。毛泽东反复告诫："腐败不除，苏维埃旗帜就打不下去，共产党就会失去威望和民心！与贪污腐化作斗争，是我们共产党人的天职"；"应该使一切政府工作人员明白，贪污和浪费是极大的犯罪"；"如果不把官僚作风、贪污浪费，甚至欺压群众的坏作风清除掉，我们的根据地就保不住，我们党的事业就有被夭折的危险"。

1932年，瑞金县苏维埃政府裁判部收到一封群众的检举信，检举叶坪村苏维埃政府主席谢步升有严重的贪污犯罪行为。信中说："谢步升把吃大户（即打土豪）所得皮袄子和几斤上等毛线私自拿回家，分田时好田留给自己，还强行多占公田。去年，他用自家不满半岁的小牛换取苏维埃政府送往灾区的大水牛两头。凡是有用值钱的东西，经过他的手就会少。他贪得无厌，弄到东西送给他的情妇。有一回借故去抢瑞林寨邱洛水的布匹和家中养的猪、鸭，还威胁邱洛水如果敢去告他，他就要邱的人头……"另有知情人检举：谢步升在1927年将南昌起义部队南下途中一名生病掉队的军医杀了，劫走其金戒指、毡毯等物；上年，他又偷盖苏维埃中央政府管理科的大印，伪造通行证等证件，私自贩运水牛到白区出售，每头牛获利大洋3元。后经查实，谢步升还犯有谋妇夺妻、掠取钱财、秘密杀害干部等罪行。1932年5月，中华苏维埃共和国临时最高法庭判决谢步升死刑。这是红色政权打响惩治腐败分子的第一枪，在苏区上下引起强烈反响，人们由此看到了共产党铲除贪污腐败的决心。

1933年至1934年，中央苏区的各项事业都取得较大发展，但贪污浪费、侵吞公物的现象仍频繁出现，甚至呈现出某种扩张蔓延的态势。于都县在短短一年内，就发生了县苏维埃政府主席、县军事部长、县苏维埃政府财政部副部长等人贪污案件23起之多。贪污分子从县苏维埃政府主席至乡代表，几乎各级机关都有。这些人采取吞没公款、涂改账目、销毁单据、造假凭证等各种手段进行贪污，有的还用赃款大做投机生意，倒卖苏区内最急需的物资、食盐和粮食，从中牟取暴利。如于都县苏维埃政府主席熊仙璧是第二届苏维埃政府中央执行委员会委员，却利用职权，强借公款50元做私人生意牟取私利。受其影响，于都县苏维埃和城关苏维埃大部分工作人员都私自参与经商，导致贪污挪用之风盛行。军事部长刘仕祥等人冒领总供给部发下的动员费410元，组织部长高兴赞拿公家保险金做生意，劳动部长贪污保险金。与此同时，浪费现象也很严重，中央总务厅主要领导因官僚主义和玩忽职守，仅购置棉衣料一项，就因预算不实，浪费公款1万余元。从中央到县、乡的机关中，大手大脚、浪费公款公物的现象也屡见不鲜。这些问题的出现，严重破坏了党和苏维埃政府在群众中的威望，影响了各项工作的开展，给革命带来严重的危害。

鉴于以上情况，以毛泽东为首的党中央决定重拳出击，严厉惩处腐败分子。1933年，瑞金县苏维埃会计科科长唐达仁侵吞各军政机关交来的余款、群众退回的公债，隐瞒地主罚款等，涉及34项罪行，合计2000余元。毛泽东亲自主持中央政府人民委员会会议，会议决定，将唐达仁交法庭判处死刑。

到了延安时期，毛泽东又惩处了黄克功、肖玉璧等虽有战功但腐化堕落的干部。黄克功曾跟随毛泽东经历了井冈山斗争和长征，有过赫赫战功。1937年10月，时任抗日军政大学第三期第六队队长的他因逼婚未遂，在延河畔枪杀了陕北公学女学员刘茜。事件发生后，中共中央、中央军委、边区政府高度重视，毛泽东亲自主持会议，决定将黄克功处以死刑。毛泽东还致信陕甘宁边区高等法院院长雷经天，指出："黄克功过去斗争历史是光荣的。今天处以极刑，我及党中央的同志都是为之惋惜的。但他犯了不容赦免的大罪，以一个共产党员红军干部而有如此卑鄙的、残忍的、失掉党的立场的、失掉革命立场的、失掉人的立场的行为，如为赦免，便无以教育红军，无以教育革命者，并无以教育做一个普通的人。因此中央与军委便不得不根据他的罪恶行为，根据党与红军的纪律，处他以极刑。正因为黄克功不同于一个普通人，正因为他是一个多年的共产党员，是一个多年的红军，所以不能不这样办。……一切共产党员，一切红军指战员，一切革命分子，都要以黄克功为前车之鉴。"

肖玉璧是个劳苦功高、身上有90多处伤疤、体无完肤的老红军。为让其恢复健康，毛泽东曾在供给上给予特别关照，特批了一份牛奶证给他。但肖玉璧后来在任陕西清涧县张家畔税务所所长期间，功高自傲，无视法纪，利用职权贪污3000多元，甚至把根据地奇缺的食油、面粉卖给了国民党的破坏队，导致边区重要物资流出。案发后，毛泽东执法如山，严令枪决。1942年1月5日的《解放日报》就此发表评论："在'廉洁政治'的地面上，不容许有一个'肖玉璧'式的莠草生长！有了，就拔掉它！"据陕甘宁边区政府主席林伯渠称，当时边区政府的腐败率是5%，肖犯一死，形势大变，边区的政风明显好转。

中华人民共和国成立后，由于环境的变化，党和政府中的一些干部和机关工作人员经不起糖衣炮弹的进攻，陷入了贪污、浪费和官僚主义的泥坑。鉴于此，毛泽东严肃地向全党指出："必须严重地注意干部被资产阶级腐蚀发生严重贪污行为这一事实，注意发现、揭露和惩处，并须当作一场大斗争来处理。"1952年12月，中共中央发出了毛泽东亲自起草的《关于反贪污斗争必须大张旗鼓进行的指示》，果断发起了以反贪污、反浪费和反官僚主义为主要内容的"三反"运动。在运动中，毛泽东要求各级党委发动群众、敢打"老虎"，将群众所痛恨的违法乱纪分子加快惩处，清除出党组织，"轻者批评教育，重者撤职、惩办、判处徒刑，直至枪毙一批最严重的贪污犯"。据当年在中央主持"三反"运动常务工作、担任中央人民政府节约检查委员会主任的薄一波回忆："毛主席当年抓防腐蚀的斗争，真是雷厉风行，至今历历在目。他看准的事情，一旦下决心要抓，就抓得很紧，一抓到底，从不虎头蛇尾，从不走过场。他不仅提出方针，而且亲自督办；不仅提出任务，而且交代办法。在'三反'紧张的日子里，他几乎每天晚上都要听取汇报，甚至经常坐镇中节委，参加办公会议，亲自指点。"

这一时期，刘青山、张子善案件的发生震动了全国，教育了全党。刘青山、张子善都是经历过长期革命斗争的领导干部，曾面对敌人的严刑逼供坚贞不屈，但在和平环境中却很快腐化堕落，成为人民的罪人。1950年至1951年，他们在担任天津地区领导期间，假借经营机关生产的名义，勾结私商进行非法经营。他们利用职权，先后盗窃国家救灾粮、治河专款、干部家属救济粮、地方粮，克扣民工粮、机场建筑款，骗取国家银行贷款等，总计达170余亿元（旧币，旧币1万元相当于新币1元）。他们在获取非法暴利、大量贪污之后，任意挥霍，过着极度腐化的生活。案发后，毛泽东极为关注，亲自过问这一案件，下决心予以严惩。当时曾有人为他们向毛泽东求情，希望考虑刘青山、张子善在战争年代曾出生入死、有过功劳的事实，给他们一个改造的机会。毛泽东回答说："正因为他们两人的地位高，功劳大，影响大，所以才要下决心处决他们。只有处决他们，才可能挽救二十个，二百个，二千个，二万个犯有各种不同程度错误的干部。"

中华人民共和国成立初期的"三反"运动清除了一批腐败分子。据统计，1951年各级纪律检查部门共处理违纪党员干部48189人，其中省军级干部32人，地师级干部407人，县团级干部2711人。1952年上半年，又有6万左右的党员受到党纪与行政处分，2万左右的党员被开除党籍，其中仅县以上受到撤职查办和逮捕法办的就有4029人。这就纯洁了党的肌体，对广大干部进行了一次廉洁奉公的教育，树立了崇尚廉洁、健康向上的社会风气，对防止干部的贪污腐败、保持干部队伍的清正廉洁有着深远的历史意义。尤其是对刘青山、张子善一案的严惩，充分反映了以毛泽东为首的党中央从高级干部抓起、敢于碰硬、从严治党的决心和魄力。可以毫不夸张地说，这个案件振聋发聩、扶正驱邪，教育了整整一代共产党人，起到极大的警示作用，使社会各界认识到，谁如果损害了人民的利益，不论其资格多老，前功多大，地位多高，都要受到党纪国法的严肃处理。这就使党和政府在中华人民共和国成立后较长的一段时期内保持了风清气正的良好局面，得到了广大人民群众的支持。

第二章
周恩来的人格风范

提起周恩来这个光辉的名字,亿万人民都会从心底油然而生敬意。他是中国共产党的楷模,是中国共产党的一面旗帜,是中国共产党优良作风和传统的化身;他是中国人民的骄傲,是中国人民心中的一座丰碑,他永远是中国人民的好总理。作为"人民公仆,全党楷模",周恩来的历史功绩丰碑永树,他的伟大人格和崇高风范,是后人永远的榜样。

一、人格风范的丰碑

在《现代汉语词典》中,"人格"一词解释为:"人的性格、气质、能力等特征的总和;个人的道德品质;人作为权利、义务主体的资格。"人格风范,是构成一个人的思想、情感及行为的特有统合模式。这一模式,包含了一个人区别于他人所具有的稳定而统一的心理品质,以及由此而外化出的一种风度和气派。

青年时代,周恩来对人格问题就有独到的见解。1916年10月在南开读书时,周恩来就写有一篇《我的人格观》的论文,文章开宗明义点出了人格的重要性:"有大物焉,其生也不知其几千万年,其至也不知其几千万里。渴吸太空之气,饥饱四海之光。皎若明星,清如流水。张而广之,天地莫能容;范而羁之,方寸无不备。现则世界承平,家国齐治,社会安良,亿兆之幸也;隐则奸宄立朝,盗贼蜂起,强凌弱,众暴寡,兵革不息,水旱频仍,群黎之祸也。"这一"大物"如此重要,到底是什么呢?"曰:是常道也。张而广之,孔之忠恕,耶之性灵,释之博爱,回之十诫,宗教之所谓上帝也,圣贤之所谓仁、义、礼、信、忠、孝、廉、耻也。范而羁之,亦即一生之人格耳。"文章同时指出:"夫人格之造就,端赖良心。人同此心,心同此理。大道所在,正理趋之，处世接物，苟不背乎正理，则良心斯安，良心安，人格立矣。"①

自此，周恩来对人格的追求与完善终生不辍。当中国共产党的第一代中央领导集体成员相继走入历史、留待后人评说的时候，人们发现：正是生前勤勤恳恳、任劳任怨，常常退让乃至忍让的周恩来，矗立在人格境界的巅峰。周恩来的人格锻造，经历了时代的淬炼。20世纪的中国，风云际会而又大浪淘沙，对历史人物的检验极为严苛。正如鲁迅先生所说："夫激荡之会，利于乘时，劲风盘空。轻蓬振翩，故以豪杰称一时者多矣，而品节卓异之士，盖难得一。"②周恩来品节卓异，光彩照人，事业与道德皆流芳千古，他就是"盖难得一"的伟人。

周恩来出生在一个破产的封建官僚家庭，同所有的孩子一样，他享受过母亲的爱抚、童年的欢乐，只是因为国家的危难、家庭的败落把他过早地推上了人生的艰难旅程。青少年时代，周恩来就立志"为中华之崛起"而读书。经历了五四运动的洗礼、欧洲勤工俭学的磨炼，通过反复比较，他确立了共产主义信仰，一生矢志不渝，奋斗不息。他在巴黎参与旅欧共产党组织的创建，成为中国共产党最早的党员之一。1924年回国后，他投身中国革命的洪流，从此一直奋斗在中国政治舞台的前沿。周恩来50多年的革命生涯，同中国共产党的建立、发展、壮大，同中国新民主主义革命的胜利，同中国社会主义革命和建设的历史进程紧密联系在一起。他毫无保留地把全部精力奉献给了党和人民，直到生命

---

① 《周恩来早期文集》上卷，中央文献出版社、南开大学出版社1998年版，第222—223页。
② 《鲁迅全集》第六卷，人民文学出版社2005年版，第203页。

的最后一息。周恩来之所以赢得人民特殊的爱戴和持久的怀念，不仅因为他功勋卓著、学识渊博、才智过人，而且还因为他道德品质纯美、人格风范高尚。在长达半个多世纪的奋斗中，他谱写了一部共产党人的德典。

伟大的人格，具有超越时空、超越国界、超越政见的力量。周恩来的人格风范就具有这种力量。无论是生前还是身后，周恩来人格风范都得到了世人的高度肯定。我们先来看中国人是怎么评价周恩来的伟大人格风范的。

宋庆龄说：周总理在个人生活和作风上，和他在政治上一样，是一个真正的共产主义者。胡耀邦为淮安周恩来故居的题词是："全党楷模"。李先念说："中国共产党确实因为有周恩来同志而增添了光荣，中国人民确实因为有周恩来同志而增添了自豪感。"郭沫若称道周恩来："盛德在民永不没，丰功垂世久弥恢。忠诚与日同辉耀，天不能死地难埋。"作家冰心说："周恩来总理是十亿中国人民心目中的第一位完人。他是中国亘古以来赋予的'爱'最多而且接受的'爱'也最多的一位人物。"医学家林巧稚说："我从周总理身上看到一种真正高尚无私的人格。他实在称得上世上的表率、楷模……使我由信上帝变成信共产党。要说真有上帝，那么他就是我心中的上帝！"经济学家、人口学家、北大原校长马寅初说："周恩来总理是最得民心的中国共产党员。"地质学家李四光说："周恩来是个了不起的人物，他胸怀宽阔，不计恩怨，广交朋友，用人唯贤，关心体贴，无微不至，为中国共产党团结了一大批人。"

他甚至得到了对手方面的高度评价。

李宗仁说:"周恩来作为国共和谈的首席代表,高瞻远瞩,立地生辉,抛开国共两党各自的信仰不说,仅以有这样的杰出领袖人物来看,共产党的胜利,也是天经地义的,顺乎情理!"阎锡山说:"周恩来乃神才也!周恩来先生的确是个大人才,我在国民党里没见过,国民党里没有这样的人才。"抗战时期,冯玉祥在与周恩来会谈后,折服于周恩来的渊博学识和坦诚人格,说:"极精明细密,殊可敬可佩也!"宋美龄曾连问蒋介石:"为什么我们就没有周恩来这样的人。"晚年张学良在口述历史中,批评的人很多,恭维却很少,在这少数人里面,周恩来得到他最多的赞美。张学良说:"我认为周恩来厉害。周恩来这个人,现在我听说那时候他们开会,他不但不坐第二把交椅,他都坐(在)第三、第四,那个地方坐上去,他都不坐正中。我对中国现代人,佩服的人,他就是其中之一,可惜死得太早了!"访问者问为什么佩服周恩来,张学良答道:"他这个人呀,有国家的思想,不是个人利益,是个人利益的话,他可以个人利益第一位。他不,他治国又能谦虚,这一个人能把自己谦虚下来,不容易呀!"

再看抗战时期和解放战争时期属于中间派别和民主人士的评价。

著名实业家"猪鬃大王"古耕虞说:"国民党把我往外推,共产党把我往里拉,其代表人物就是周恩来","周恩来以国士待我,我以国士报之","是周恩来的力量,使我改变了对国共两党不偏不倚的立场,逐步靠拢共产党"。抗战时期，著名教育家陶行知在重庆见到周恩来，听了周恩来的演讲后，感觉精神为之一振。回家后夫人关心地问他饭都未吃，饿不饿，陶行知对夫人说："去时腹中空，归来力无穷。听了周恩来的演讲，浑身充满了力量！"

我们再来看外国政要和知名人士是怎么评价周恩来的。

联合国前秘书长哈马舍尔德于1955年在北京会见过周恩来后说："与周恩来相比，我们简直就是野蛮人。"美国前总统尼克松惊叹："周恩来的品德和才智是无与伦比的。"1972年2月22日，北京钓鱼台国宾馆，尼克松反客为主，亲手为周恩来脱大衣，表达对他的敬重之情。1998年周恩来100周年诞辰之际，美国前国务卿基辛格在接受采访时说："周恩来是一个极富智慧的人，非常有魅力，极其了解人类。我见过许多国家领导人，没有人像周恩来那样给我留下如此深刻的印象。作为一个政治家和一个人，他都给我留下了深刻的印象。"英国前外交大臣艾登对美国记者说："你们早晚会知道，周恩来可不是平凡的人。"美国前总统肯尼迪夫人杰奎琳说："全世界我只崇拜一个人，那就是周恩来。"西哈努克国王夫人莫尼克公主也说过："周恩来是我唯一的偶像！"印度尼西亚前总统苏加诺说："毛主席真幸运，有周恩来这样一位总理，我要是有周恩来这样一位总理就好了。"日本前首相中曾根康弘把周恩来称为"中国的贤者"。日本樱花银行名誉总裁小山五郎只见过周恩来一面，就是周恩来1974年9月30日最后出席并主持国庆宴会的那一次。这一天，正好是中华民族的传统节日中秋节。小山五郎被周恩来的人格

人格的力量

魅力和风度所吸引，令他回味无穷。当走出人民大会堂时，他立即把周恩来与高悬天空的那轮洁白明亮的中秋之月联系在一起，当作人类最高境界的形象铭刻在心里。因此，1998年他95岁时，为《百年恩来》电视纪录片的题词是："人类的明月"。中华人民共和国成立前夕，斯大林和米高扬也对毛泽东等人说过："你们在筹建政府方面不会有麻烦，因为你们有现成的一位总理，周恩来。你们到哪里去找这样好的总理呢？"

类似评价，俯拾皆是，不一而足。正所谓：木雕可以腐朽，石碑可以倒塌，时间可以流逝，大地可以荒老，但铭刻在人们心中的丰碑却会永存。时至今日，中国人民仍不能忘怀。2008年，在周恩来110周年诞辰之际，中央电视台举办了一个纪念晚会，晚会上播放了这样一幕：1995年，当中央电视台拍摄《百年恩来》纪录片时，第一个采访的是天津"觉悟社"最后一位健在者，百岁老人管易文。百岁之年，老人对亲人已经丧失了辨识能力，可当摄制组把周恩来的照片放到他眼前时，他用颤抖的手抚摸周恩来的照片，竟然连喊了三声"音容宛在，永别难忘"——这是周恩来逝世那天老人亲笔写下的悼词。这一幕让在场所有人的心灵都受到了极大的震撼，也让电视机前的亿万观众情难自已！接受采访50多天后，百岁老人管易文带着对周恩来的永恒记忆告别了世界。

可以说，周恩来为中国共产党人树立了一座人格风范的丰碑。这一丰碑始终熠熠生辉，启迪后人智慧，照亮来者心扉。

二、信仰坚定　理想崇高

这是周恩来人格风范的底蕴。在周恩来一生的工作中，都能看出信仰与理想这种底色。

要做到理想坚定、信仰崇高，需要经受许多考验。其一，就是正确处理事业与个人功名利益之间的关系。

古往今来，作为政治家，最难协调的事情之一恐怕就是伟大的事业与个人功名利益的关系。在党的历史上很多人在这个问题上失了足，跌过跟头，这其中也包括那些曾和周恩来一道并肩战斗的人物。周恩来则不然，他在青少年时期就立有大志，胸怀理想。这大志，不是赚大钱、当大官，而是"当信共产主义的原理和无产阶级专政两大原则"。1922年3月，他在给同学的信中说："我认清C.ism（当时共产主义的简称）确实比你们晚，一来因为天性富于调和性，二我求真的心又极盛，所以直迟到去年秋后才定了我的目标。"他说："我认定的主义一定是不变了，并且很坚决地要为他宣传奔走。"[1]自此，周恩来没有任何的游移和反复，几十年如一日地为党工作，为共产主义事业奋斗。

英国学者迪克·威尔逊说："周恩来对共产主义的信仰是真诚的，正如他对中国的感情和他那持久的人性也是发自内心的一样。这使得他

---

[1]《周恩来书信选集》，中央文献出版社1988年版，第40—41、46页。

在20世纪的所有中国领导人中显得十分突出。"[1]威尔逊认为，如果不是为了政治信仰，不足30岁的周恩来肯定成了显赫的军阀或国民党要人，也用不着冒着生命危险发动南昌起义了。

周恩来不追求个人名位的行动，恰是高尚品质的自然流露，而不是做给人看的。1932年7月，中央局提议由周恩来兼任红一方面军总政委，他当即两次提出：这一提议事实上让苏维埃政府主席毛泽东在前线无事可做，而且使自己这个中央局书记多头指挥，应该由毛泽东任总政委。10月，在宁都会议上，有大多数人再一次决定把毛泽东召回后方，由周恩来负战争领导总责。周恩来一再提出毛泽东的经验、长处和兴趣在于军事，坚持在两个办法中选一个：由周负责，毛助理，或者由毛负责，周监督。总之是要毛泽东留在前方。从周恩来的做法上，人们不难体会到这样的政治品格：个人的权力和地位对周恩来来说并没有太大的吸引力，即使由于大家折服于他的才干威望主动授予，如果有碍于党的事业，有损于他人，他也不会伸手，更不会"墙倒众人推"，从中获取个人利益。

周恩来淡泊名位，却很珍惜名誉。他在青少年时代就把个人名誉看作是"人生第二生命"。20世纪30年代初，国民党特务制造了"伍豪事件"，造谣周恩来在白色恐怖中发表了脱党声明，而实际上当时周恩来已经从上海到了中央苏区，不可能发表这样的声明。但在"文革"时期，"四人帮"揪住这个问题不放。1975年9月20日，周恩来要做第四

---

[1] ［英］迪克·威尔逊著：《周恩来传》，封长虹译，国际文化出版公司2011年版，封底。

次大手术。他很清楚，这次手术的后果很难预测，进入手术室以前，他要工作人员找来自己在中央一次会议上所做的关于这个问题报告的录音记录稿，用很长时间仔细地看了一遍，才签上名字，并注明签字的环境和时间。他大声说："我是忠于党、忠于人民的！我不是投降派！"之所以如此抗争，就是因为这是关系他的人格和名誉的大问题。

要做到理想坚定、信仰崇高，必须要过思想关，也就是通常说的思想改造，这是关系到世界观、人生观、价值观的问题，也是周恩来一辈子都非常重视的事。

周恩来的座右铭是"活到老，学到老，改造到老"。他说："思想改造，这是一辈子的事。"他还说："我出身于一个封建家庭，我个人受过资产阶级教育，不过经过改造现在是个革命知识分子了。历史上我做过统一战线工作，跟蒋介石打过多次交道，跟美国的马歇尔也打过交道。在台湾有那么多的国民党同学和朋友，在美国也有很多朋友，我的关系可复杂了。从周围的环境看，我接触党内外的人和事很多，也接触外国人，有时候要出国访问，还到资本主义国家，跟那些国家的领导人打交道。这么一个复杂的情况，我就得注意自己的思想。我今年65岁了，是不是已经修养得很好不必改造了？我不敢这样说。""每个党员从加入共产党起，就应该有这么一个认识：准备改造思想，一直改造到老。"

要做到理想坚定、信仰崇高，还要过政治关，就是立场问题。1943年4月，周恩来曾专门讲到领导者的立场问题，有下列几点："（一）要有确定的马列主义的世界观和革命的人生观。（二）要有坚持原则精神。

（三）要相信群众力量。（四）要有学习精神。（五）要有坚韧的奋斗精神。（六）要有高度的纪律性。"这样，就把解决立场问题具体化了。20年后，周恩来又重申立场问题，他说："立场究竟稳不稳，一定要在长期斗争中才能考验出来。同时还要看我们的工作态度、政策水平、群众关系，看我们的党性……特别是看我们的批评和自我批评精神，是不是知过能改。"

做到理想坚定、信仰崇高，还要在工作实践中不怕困难、不怕牺牲。

周恩来一生经历过很多生死考验：在五四运动中他被警察厅拘捕过，在东征北伐中子弹从他身边飞过，在长征中因肝脓肿差点牺牲，在由延安去西安的谈判旅途中遭土匪袭击险些被害……这样的事情很多。

1941年1月皖南事变后，党在国统区的公开办事机关几乎全被查封，仅剩下周恩来领导的重庆红岩办事处。党中央担心周恩来的安危，两次来电催促周恩来、叶剑英、董必武等回延安。周恩来的回答是："难以离开，坚持到最后！"当时他是做了最坏打算的，他说："如果我们被国民党抓起来，我们就一起坐牢。他们要问你们是不是共产党，男同志要承认是共产党，女同志承认是家属，因为我们是公开的共产党机关。如果再问党组织的情况，就告诉他们党中央在延安，这里是党支部，书记是周恩来，若还问谁是负责人，可以说有董必武、邓颖超，再问别的就说不知道，让他们去找书记周恩来。要牺牲我们一起牺牲。"

在战争年代需要有忘我献身的精神，在社会主义建设时期也需要这种精神。1955年，万隆会议前，国民党特务一手制造了"克什米尔公主号"飞机爆炸事件，周恩来为了打破帝国主义对我国的外交封锁，不顾个人的安危，按原计划率代表团毅然踏上航程。在"大跃进"纠"左"过程中，周恩来非常繁忙。1959年，庐山会议后又出现了反右倾运动，由于陈云、邓小平等在这段时间内一直在生病，加上中印边界发生了武装冲突，周恩来处理经济工作和外交工作的两副担子都很重，但他没有退缩，勇于承担。他说："对困难，我从来没有投降过。"[1]在"文革"中，江青当面威胁周恩来："我们中央文革不出面保你，你周总理也会被打倒。"他镇定自若地说："搞全面材料也行，向我提抗议、刷大字报也行，我不怕打倒，干了几十年还怕这个？"

1963年，全国开展学雷锋活动，周恩来题词：爱憎分明的阶级立场，言行一致的革命精神，公而忘私的共产主义风格，奋不顾身的无产阶级斗志。这是对雷锋精神的科学概括，更是他自己精神世界的写照。周恩来生前听的最后一首歌，有人说是《长征组歌》，有人说是《国际歌》，无论是哪一首，都反映出他生命不息、奋斗不止的崇高的共产主义信仰和理想。

三、廉洁奉公　鞠躬尽瘁

周恩来虽然身居高位，但从来都是廉洁奉公。他从不收礼，凡是送

---

[1] 金冲及主编：《周恩来传（1949—1976）》上，中央文献出版社1998年版，第528页。

人格的力量

给他的礼品，一律退回；不能退的，就付款，或交有关部门处理。为了表达对周恩来和邓颖超的敬意，家乡淮安县委曾托人捎给他些土特产。由于是托人顺便捎来，不好退回，周恩来收下后，即委托办公室写信批评淮安县委，并附寄了一份中央关于不准请客送礼的通知，让他们严格执行，还邮去100元钱，大大超过了物品的价格。周恩来很理解家乡人民的心情，但他认为请客送礼不仅加重了人民的负担，更重要的是助长了一种不良风气。他说："我们都是自己人，既然如此，你们就没有必要给我送礼，我也没有理由接收礼品嘛！"困难时期，青海省委给国务院送来了青海湖产的鱼，想让周恩来等中央领导同志改善一下生活，结果周恩来非常生气。由于鱼容易腐烂无法退回，便折成钱退给了青海，并对青海省委提出严厉批评。还有一次，他在重庆工作时的警卫副官龙飞虎（时任福州军区副司令员）给他寄来了南方的水果。周恩来也是折成钱退回并对其提出批评。由于退回的钱实际购买力大大高于送来的东西，后来大家就都不这样做了，一怕总理批评，二怕花总理的钱。

周恩来始终把自己看成是人民的"总服务员"，他一生都很忙碌。延安时期大家都称他是一只革命的骆驼，他谦虚地说：我只是一头小毛驴。

中华人民共和国成立之初，周恩来比革命战争年代似乎还忙，被人比作古代的周公旦。史称周公旦"一餐三吐哺，一沐三握发"。毛泽东在1949年12月致信柳亚子时讲到周恩来，也说："周公确有吐握之劳。"

因为忙，所以要抓紧时间。中华人民共和国成立后，周恩来离开北京去全国各地是可以乘专列的，但周恩来极少乘专列，通常情况下他总是坐飞机。他曾对身边的工作人员说，坐专列太浪费，主要是浪费时间，工作不允许。抗战以及抗战胜利后一段时期，周恩来多次坐飞机来往于重庆和延安之间，几次遇险，其中有人们都熟知的他遇险时把降落伞让给叶挺之女叶扬眉的事迹。可惜的是，叶扬眉在两个月后，因迷航飞机撞到黑茶山遇难。周恩来悲痛万分，但并未因此留下阴影而不敢坐飞机。在万隆会议前夕，周恩来准备乘坐的"克什米尔公主号"飞机爆炸，这也没有使他远离飞机。

乘飞机是为了节约时间做更多的事。1955年，在万隆会议召开的7天时间里，周恩来一共只睡了13个小时。但由于身体素质好，一直很少生病。而"文革"中长期超负荷的工作状态和内心的极度焦虑，使得周恩来的身体每况愈下。1967年2月，医生诊断周恩来患有心脏病。工作人员心疼，不得不联合起来写了一张大字报，"造总理一点反"，要求总理改变一下工作方式和生活习惯，注意一下身体。邓颖超以及当时看到这张大字报的叶剑英、陈毅、李富春、李先念、聂荣臻等都签名支持。周恩来看后，在大字报上写了8个字，"诚恳接受，要看实践"。实际难以做到。4月，因所谓红卫兵小将要砸烂"广交会"，周恩来紧急找各派红卫兵谈话，做他们的工作，30个小时没离开现场。劝说完后，接着又连续工作70多个小时，前后达100多个小时没完整睡一觉，终因过度疲劳引发心绞痛。毛泽东听说后十分关心，请他"工作量减少一点"。越共中央总书记胡志明1968年到北京时，向周恩来提出"希望他能为中国人民和世界人民的利益，每天多睡两小时"，回答却是"我做不到"。

周恩来身体的底子是很好的，但最终这种高负荷的工作还是对他的身体健康造成了危害。

1972年5月18日，74岁的周恩来被确诊患有膀胱癌，但一直到1973年3月才做第一次电灼术治疗。由于病情越来越严重，1974年6月1日，周恩来告别了生活了26年的西花厅，住进了305医院，在这里度过了他生命中最后的时光。自住院到逝世，共做大小手术13次，平均每40天左右就要动一次手术。

然而，在身患绝症的情况下，周恩来依然担负着连健康的人都难以承受的极为繁重的工作。他这时常说的一句话是："鞠躬尽瘁，死而后已"。据统计，周恩来在1974年1月到5月的5个月共计139天的实际工作量为：每日工作12至14小时有9天，14至18小时有74天，19至23小时有38天，连续工作24小时有5天，只有13天的工作量在12小时以内。此外，从3月中旬到5月底的两个半月内，除日常工作外，周恩来共计参加中央各种会议21次，外事活动54次，其他会议和谈话57次。

6月1日住院后做第一次手术，8月10日做第二次大手术。手术后，病情比较平稳，起居也可自理。而这时四届全国人大的筹备工作正在紧张地酝酿着，"四人帮"四处活动想实现他们的"组阁梦"。周恩来放心不下，12月23日，他和王洪文前往长沙向毛泽东汇报四届全国人大的准备情况。医务人员非常担心，周恩来也清楚如此长途奔波会使病情恶化，但他说：既然把我推上历史舞台，我就得完成历史任务。因此，去长沙的计划未作改动。

周恩来在逝世前还是想着如何作更多贡献。他交代医务人员，自己死后要他们彻底解剖检查一下，好好研究研究，希望能为国家的医学发展做出一点贡献。周恩来生前说的最后的话是："我这里没有什么事了，你们还是去照顾别的生病的同志，那里更需要你们……"

周恩来逝世后，1978年7月1日，邓颖超立下遗嘱交于中央。她说："人总是要死的。对于我死后的处理，恳切要求党中央批准我以下的要求：1.遗体解剖后火化。2.骨灰不保留，撒掉，这是在1956年决定实行火葬后，我和恩来同志约定的。3.不搞遗体告别。4.不开追悼会。5.公布我的这些要求，作为我已逝世的消息。因为我认为共产党员为人民服务是无限的，所做的工作和职务也都是党和人民决定的。"1982年6月17日，邓颖超重抄了遗嘱并增加了两点："1.我所住的房舍，原同周恩来共住的，是全民所有，应交公使用，万勿搞什么故居和纪念馆等。这是我和周恩来同志生前就反对的。2.对周恩来同志的亲属，侄儿女辈，要求党组织和有关单位的领导和同志们，勿因周恩来同志的关系，或从对周恩来同志的感情出发，而不去依据组织原则和组织纪律给予照顾安排。这是周恩来同志生前一贯执行的。我也坚决支持的。此点对端正党风是非常必要的。我无任何亲戚，唯一的一个远房侄子，他很本分，从未以我的关系提任何要求和照顾。以上两点，请一并予以公布。"[①]

---

① 孙建清：《邓颖超的遗嘱》，《检察日报》2011年10月18日。

人格的力量

四、光明磊落　重义守信

周恩来一生在大是大非问题上都是顾全大局、光明磊落的。他入党后，在党内事务的讨论中很少发火，但也有例外，发火也都是为了革命事业。1934年12月18日，长征中的红军在黎平开会，周恩来在这次会议上明确表明支持毛泽东。共产国际顾问李德因病没有出席，会后，周恩来向李德说明了会议的内容，李德不同意，周恩来勃然大怒，拍了桌子。这给毛泽东印象深刻，他在1956年八大之前的七届七中全会上说："总理那次拍了桌子，一下子就把局面扭转过来了，也是老实人不发火的缘故吧。"

作为政治家，当然不能回避权力、地位问题，但周恩来把权力看成实现目标的手段，而不是谋取私利的工具。投身革命后，他的一个突出特点就是脚踏实地地为党做工作，从不在党内争权。有人说，中国共产党的领导人换了好几个，却人人都要用周恩来。1927年5月22日，周恩来参加中央政治局常委会议。从这时起，周恩来历任党的五届、六届、七届（中央书记处书记）、八届、九届、十届中央政治局常委，参与中共最高领导层工作的时间长达49年。他光明磊落，以自己坚定的党性和人格的凝聚力，消除了党内的多次摩擦和大的分裂危机。比如，1933年红军长征时，张国焘以红四方面军人多枪多为筹码，要挟中央。

第二章　周恩来的人格风范

在非常危险的情况下，为了顾全大局，周恩来同毛泽东商议后，把自己担任的红军总政委的职务让于张国焘。这就是共产党人的顾全大局，顾全大局本身就是光明磊落。

在与党外人士交往时，周恩来也是豁达大度，襟怀坦白，并深刻影响了他人甚至是他的对手。

1932年发生的伪造周恩来脱党启事的"伍豪事件"，主谋是国民党中央组织部调查科（"中统"前身）总干事张冲。张冲生于1904年，少年得志。他策划该事件时年仅28岁，可谓心狠手辣。但在国共准备第二次合作时，张冲曾是国民党与中共联络的代表，他赞成国共合作，共御外侮。周恩来从民族利益出发，不计个人恩怨，与张冲建立了良好的合作关系。张冲也不顾国民党顽固派的攻击，多次对周恩来的工作给予真诚合作，为此受到国民党内部诸多责难。1941年8月，张冲病逝，周恩来亲自参加了追悼会，在送去的挽联上写道："安危谁与共，风雨忆同舟。"并在《新华日报》上发表悼念文章，对张冲给予了充分的、肯定的评价。文章说："淮南先生逝世将三月了。每念公谊，迄难忘怀，而且也永不能忘怀。""我与淮南先生往来何止二三百次，有时一日两三见，有时且于一地共起居，而所谈所为辄属于团结御侮。""我与淮南先生初无私交，且隶两党，所往来者亦悉属公事，然由公谊而增友谊，彼此之间辄能推诚相见，绝未以一时恶化，疏其关系，更未以勤于往还，丧及党格。这种两党间相忍相重的精神，淮南先生是保持到最后一口气的。"

周恩来还是非常重感情、讲信义的君子。他对战友怀有真挚的同志情。他把战争年代牺牲同志的照片长期带在身上，激励自己努力工作。他总想把牺牲战友的那份工作也担起来，以告慰他们的在天之灵。他把烈士的子女当成自己的子女一样抚养、照顾。

周恩来一生遇险多次，最危险的还是1937年4月的劳山遇险。当时周恩来带领一班人乘车由延安到西安同国民党进行第二次合作的谈判。当一行队伍经过劳山时，遭到土匪的袭击，25人中牺牲了11位。周恩来的警卫副官陈友才当时穿着西装，戴着礼帽，土匪认为他是最大的官。陈友才也利用土匪的错觉把他们吸引住，掩护了周恩来的撤退，最后英勇牺牲。1973年6月，周恩来陪外宾回延安时谈起这件事，仍对陈友才等人念念不忘。由于多种原因，这些人的坟墓没有保存下来，周恩来很难过，说应该给他们立个碑。周恩来逝世的时候，他的上衣兜里就揣着陈友才的照片，后面写着"劳山遇难"四个字，可见他对战友的深切怀念。直到1985年，陕西省甘泉县政府才在当时发生战斗的地方为烈士立了碑，算是了却了周恩来的遗愿。周恩来生前常讲：多少同志牺牲了，连个名字都没有留下，我们这些幸存下来的人还要些什么呢？

所以，周恩来对那些在极端困难条件下无私奉献出一切的革命者怀着深深的敬意。长征过草地时，周恩来患肝脓肿，连续高烧，无法行军。兵站部部长兼政委杨立三等组成担架队，表示抬也要把周恩来抬出草地。大家顶风冒雨，抬了6天6夜，终于走出草地。刚走出草地，杨立三就昏倒了。在这六天当中，杨立三磨破了肩膀，扭歪了脖子。战友的深情厚意，周恩来深深铭记在心。1954年11月，杨立三逝世，周恩来出席追悼会并致悼词。当讲到过草地的情景时他泣不成声，泪流满面，在场的同志无不为之动容。会后，他亲自执绋为杨立三送葬。

周恩来对党外朋友胸怀坦荡，一片真诚。周恩来与张治中虽属两个党派，可有着很深的私交。早在1924年第一次国共合作时，两人就已相识。当时周恩来是黄埔军校政治部主任，张治中是入伍生总队长。在周恩来的熏陶下，张治中对共产党有了认识。土地革命时期，张治中为了不与共产党作战，既不带兵，也不参政，当了十年军校教育长。1945年重庆谈判时，张治中腾出自己的房子给毛泽东住，又接受周恩来建议，亲自陪送，以确保毛泽东的安全。在新疆兼任省主席时，张治中受周恩来嘱托，释放了被国民党关押的共产党干部及其家属，并安排专人专车将他们送回延安。1949年4月，张治中率代表团到北平与中共代表团谈判。张治中虽认清了国民党必然灭亡的结局，但受封建忠君思想束缚，不能毅然决然站到人民一边来。周恩来同他多次交谈，设身处地地为他着想，明确指出："代表团不管回上海或广州，国民党特务分子是不会放过的。"他说："我们共产党人，从不做对不起朋友的事。西安事变时，我未能及时拉住一个姓张的朋友，今天我再也不能对不起你了。"为了解除张治中的后顾之忧，周恩来又做了精心安排，把张治中的夫人及女儿安全地接到北京，最终使张治中站到了人民一边。

周恩来对自己的宗族、父母也怀有深深的感情。周恩来祖先原居绍兴，他曾说他和鲁迅先生是一家人。抗战时期到新四军视察工作时，途经绍兴，他恭恭敬敬地在家谱上写下自己和邓颖超的名字。周恩来是个

人格的力量

大孝子，只是因生母、嗣母去世早，周恩来未能尽孝心。1946年，在重庆他对记者说："38年了，我没有回家，母亲墓前想来已白杨萧萧，而我却痛悔着亲恩未报！"抗战时期，周恩来的父亲周贻能来到重庆，周恩来有机会在父亲面前尽孝。遗憾的是，1942年7月，周贻能突患中风去世，而周恩来这时正因为疝气住院静养治疗，如果告诉周恩来，对其身体复原很不利。所以当时南方局的同志经邓颖超同意，就没告诉他，但周恩来最后知道后，大声痛哭，说："国民党本来就攻击我们没人情，不尊祖上，六亲不认，你们还敢封锁我。整整封锁我三天！"工作人员左劝右劝，就是不行，周恩来说："马上给主席发电！"显然，周恩来的悲痛还需要排遣，毛泽东便成了他能诉说委屈和悲痛的人。电文发出后，周恩来便很快接到毛泽东、朱德的复电慰问："尊翁逝世，政治局同人均深致哀悼，尚望节哀。重病新愈，望多休息，并注意以后在工作中节劳为盼。"同时，周恩来自费以他和邓颖超的名义在重庆的《新华日报》刊登了父亲去世的讣告。原文如下：

显考懋臣公讳劭纲府君，痛于中华民国三十一年七月十日骤因数日微恙突患心脏衰弱、脾胃涨大急症，经医治无效，延至当晚十一时逝世，享年六十九岁。男恩来适因病割治于中央医院，仅闻先父患症，比于昨（十三）日遄归，方知已弃养三日，悲痛之极，抱恨终天。媳颖超随侍在侧，亲视含殓，兹定于今（十四）日清晨安葬于陪都小龙坎之阳，哀此讣告。至一切奠礼赙仪概不敢受。

第二章　周恩来的人格风范

伏乞

　　矜鉴

　　　　　　　　　　　　　男　周恩来

　　　　　　　　　　　　媳　邓颖超泣启

　　　　　　中华民国三十一年七月十四日于重庆

　　尽管周恩来对祖辈敬重有加，但当这种感情与国家的需要发生冲突的时候，他会主动选择后者。中华人民共和国成立后，为了节约耕地，移风易俗，国家在农村倡导平坟，周恩来亲自写信给老家的亲属要求把祖坟平掉。

　　周恩来也是尊敬老师的模范。周恩来在南开学校读书时，与校长张伯苓关系亲密融洽，星期天总要到校长家请教并长谈。张伯苓很喜欢他，常留他吃饭。张伯苓对亲友同事说："周恩来是南开最好的学生。"可是，这位最好的学生后来参加了五四运动又加入了共产党，周恩来的名字曾一度从南开"同学录"中被删掉。西安事变和平解决后，周恩来与张伯苓又恢复了交往。中华人民共和国成立后，周恩来专门派人把张伯苓由重庆接回天津，表达对老师的尊敬和爱戴。张伯苓去世时，周恩来亲往天津吊唁。

　　在国际交往中，周恩来也是重义守信的典范。

　　1960年5月，周恩来访问柬埔寨前柬埔寨国王苏拉玛里特突然去世，全国陷入一片悲哀之中，西哈努克亲王担心由于国丧而在礼节上怠慢了

人格的力量

中国访问团,而一些陪同人员也主张推迟访问。周恩来下令,代表团全体人员每人做一件白色西服,做一条黑领带,坚持访问并带有吊唁哀悼之意。当周恩来一身白色素服出现在金边时,迎接的西哈努克亲王感动得热泪盈眶,说:"阁下前来吊唁先王,给柬埔寨人民带来了最真诚、最难忘、兄弟般的友情。"1963年12月至1964年2月,周恩来在陈毅的陪同下访问了非洲10国。在访问加纳的前9天,发生了刺杀总统恩克鲁玛未遂事件,这位总统取消了所有的对外活动,住到一座城堡里。这也使周恩来出访的危险因素增加,有人建议取消访问。周恩来说:中国与加纳是友好国家,因为这个国家暂时遇到困难而取消访问,这是对人家的不尊重。人家越是有难,我们越是要去,患难见真情嘛!周恩来坚持访问加纳,不仅让加纳迅速成为中国的朋友,也为中国在其他国家赢得了掌声。

对于那些有悖信义的事情,周恩来是毫不客气、坚决斗争的。1946年6月,国共内战全面爆发,而当时周恩来还在国统区坚持和平谈判。蒋介石在发动全面内战的同时,对第三方面的民主人士也加紧了迫害。7月,国民党特务先后暗杀了李公朴、闻一多。10月份,国民党向解放区大举进攻,并下令召开所谓的国民大会。至此,国共之间已经没什么可谈的了。但是第三方面的民主党派有不少人仍对和平抱一线希望,他们劝周恩来去争取最后的和平。为了让事实教育第三方面的人,周恩来最后作了和谈的努力。

而这时,国民党加紧向各民主党派许愿封官,在这种形势下,有的民主党派负责人办了糊涂事。10月28日，民盟秘书长梁漱溟提出一个对中共极为不利的停火方案，没和中共商量，也未打招呼，先把方案分别送到国民党行政院长孙科和美国特使马歇尔那里。之后，梁漱溟才到梅园新村向周恩来解释这个方案。周恩来拿到方案，听说方案已经送给了孙科和马歇尔，脸色就开始有变。因为前不久，他刚同民主党派的负责人一道订下了"君子协议"，当时一致同意在采取重大行动时，要事先打招呼，相互关照，共同协商，共同行动。现在，梁漱溟的行动显然违背了这个君子协议。周恩来看着方案，勉强听梁漱溟解释了几句。当梁漱溟还想接着往下说时，周恩来的反应大大出乎他的意料之外。后来梁漱溟这样回忆记述："周面色骤异，以手阻我，说：'不用再往下讲了！我的心都碎了！怎么国民党压迫我们不算，你们第三方面亦一同压迫我们？今天和平破裂，即先对你们破裂。十年交情从此算完。今天你们就是我的敌人！'态度愤激，泪落声嘶。我茫然不知所措，只有两眼望着他。"[1]

梁漱溟自觉理亏，诚恳自我批评，并马上采取行动，派人分头将已经送出的方案全部收回来。到马歇尔处，因为马歇尔外出未回，文件还没有拆封，所以很容易也很顺利地拿回来了。到孙科那里，国民党已对这个方案进行过讨论。他们赶紧借口方案中漏抄一条，需要补上，把文件拿到手带回来了。一场风波就这样过去了。后来的事实证明，第三方面的民主党派和民主人士绝大部分都是够朋友的。大多数人没有参加蒋

---

[1] 梁漱溟著：《忆往谈旧录》，中国文史出版社1987年版，第239页。

介石搞的国民大会，并开始向共产党靠拢。如果没有周恩来的"君子一诺千金"的批评，后果是难以想象的。

五、实事求是　严谨细致

周恩来是实事求是的模范。他的实事求是是建立在对事物充分认识的基础上的。

周恩来是中国共产党内最懂知识分子、文艺工作者的领导人。一个重要原因是周恩来年轻时也搞过文艺。在天津南开读书时，他积极参加南开新剧团的演出活动，并且因他长相俊美，常男扮女装，并因在新剧《一元钱》中饰演女主角孙慧娟而获得社会好评。当时社会上这样评论周恩来："君于新剧尤其特长，牺牲色相，粉墨登场，倾倒全座。原是凡津人士之曾观南开新剧者，无不闻君之名……"北京文化界还邀请他们剧组到北京演出，轰动一时。1949年7月，周恩来接见京剧艺术家梅兰芳，并回忆了自己当年在北京参加演出的一段历史，梅兰芳说："你在《一元钱》里扮演女子。"周恩来说："对，我们可以说是同行。"正因为如此，周恩来很懂得文艺工作者的心声。当然，他也对很多不实事求是的东西提出了批评。

20世纪60年代初，国内上映了一批比较优秀的国产电影，其中一部是《达吉和她的父亲》。这部电影反映的是达吉小时候因父亲受恶霸欺压，达吉儿经辗转被彝族同胞养育，长大后她的亲生父亲因工作关系来到她和她养父身边，达吉面临艰难选择的故事。这部电影，周恩来也看了，并实事求是地提出了自己的看法。现在来看，他的看法也是很有教育意义的。周恩来说："《达吉和她的父亲》……这是一个好作品。可是有一个框子定在那里……我昨天看电影也几乎流泪，但没有流下来。为什么没有流下来呢？因为导演的手法使你想哭而哭不出来，把你的感情限制住了。例如女儿要离开彝族老汉时，我们激动得要哭，而银幕上的人却别转身子，用手蒙住脸，不让观众看到她在流泪。思想上的束缚到了这种程度，我们要哭了，他却不让我们哭出来，无产阶级感情也不是这样的嘛！……这不是批评王家乙同志（导演），而是说这里有框子，'父女相会哭出来就是人性论'，于是导演的处理就不敢让他们哭。"

在批评文艺作品不实事求是反映人物感情的同时，他也实事求是地对当时"左"的文艺政策提出了批评。他说："艺术作品的好坏，要由群众回答，而不是由领导回答；可是目前领导决定多于群众批准。……我看到四川一个材料。文化部一位副部长到四川说：川剧落后。得罪了四川人。当时一位同志回答：落后不落后要由四川七千万人民去回答、去决定。我看这位同志很勇敢，回答得好！人民喜闻乐见，你不喜欢，你算老几？上海人喜爱评弹、淮剧、越剧，要你北京人去批准干什么？……艺术是要人民批准的。……艺术方面，我们懂得很少。""我们懂得少，发言权很少，不要过多干涉。在座的同志都是做领导的人，希望你们干涉少些，当然不是要你们不负责任。第一，要负责任；第二，要干涉少些。"①

这说明周恩来对文艺问题既实事求是,又严谨细致,分析十分到位。周恩来说:"只有忠实于事实,才能忠实于真理。""畏惧错误就是毁灭进步!遮掩错误就是躲避真理!"这是富有启示性的语言。

实事求是跟严谨细致是密切联系在一起的。在严谨细致方面,周恩来也表现得非常突出。

1945年毛泽东到重庆谈判,危险性很大,周恩来对此极为警惕。在各种宴会上,凡是敬给毛泽东的酒,他都代饮,主要是为了毛泽东的健康与安全。1945年10月8日,张治中为毛泽东举行欢送晚会。晚会隆重而热闹。这时却传来一个噩耗,外表颇似周恩来的国民党元老廖仲恺的女婿李少石在乘车行驶中不幸中弹,送到医院后没有抢救过来。听到这个消息,周恩来起初认为这是20年前廖仲恺案的再现,是一个严重信号。但他没有惊动毛泽东,立即找来重庆宪兵司令张镇进行质问。张镇也一头雾水,说不是自己人所为。后来查实,这是一起意外事件,是司机开车刮了站岗的哨兵,哨兵要求停车,司机没听见,在开枪警告时误射了李少石,并不是特务所为。但当时确有特务扬言,愿以自身性命去换毛泽东一死。如何保证毛泽东安全是一个紧迫问题。周恩来要求张镇绝对保证毛泽东的安全。张镇立即表示:"请周主任放心,晚会结束后,他陪毛泽东乘坐他的车,不论什么人,恐怕都还没胆向宪兵司令的汽车开枪。"最后,张镇确实把毛泽东安全送到驻地。毛泽东飞回延安那天,

①《周恩来选集》下卷,人民出版社1984年版,第326、336—337页。

张镇也布置警戒，并亲自护送毛泽东去机场。后来，周恩来多次提到张镇立了一大功，他说：张镇的职务是宪兵司令，按我们的政策，是格杀勿论的特务，是没有好果子吃的。但他在重庆谈判期间表现还是好的，这一点我们不能忘记。临去世前，周恩来念念不忘台湾还有"两位姓张的朋友"。如果没有周恩来细致入微的工作，我们很难得到张镇的配合。

中华人民共和国成立初期，人们都称周总理不愧为"周"总理，考虑问题很周到。这与周恩来举轻若重的办事风格是有关的。有一次，周恩来与薄一波聊天。周恩来问："你在晋冀鲁豫同伯承、小平共事多年，你对他们二位的工作怎么看？"薄一波反问："您是老领导了，又跟他们相识甚早，您看呢？"周恩来思考着说："据我多年观察，他们两人的工作方法各有特色。小平同志是'举重若轻'，伯承同志则是'举轻若重'。你看是不是这样？"薄一波连连点头。周恩来继续讲下去："从愿望上说，我更欣赏小平同志的'举重若轻'，但说实在话，我这个人做不到这一点。我同伯承同志一样，在工作上常常是'举轻若重'。"

尼克松与周恩来接触算不上多，却在一面之缘后即对周恩来的"举轻若重"大发感慨：周恩来也具有另一种罕见的本事，他对琐事非常关注，但没有沉湎于其中而不能自拔。我们在北京的第三天晚上，应邀去观看体育和乒乓球表演。当时已经下雪，而我们预定第二天要去参观长城。周恩来离开了一会儿，我以为他是去休息室。后来我才知道，他是亲自去关照人们清扫通往长城路上的积雪。第二天，路上洁净得如同不曾下过雪似的。我还发现，在机场欢迎我们的仪仗队是周恩来亲自挑选的。这些士兵身体健康、魁梧，穿着整洁。周恩来本人还亲自为乐队挑选了在晚宴上为我们演奏的乐曲。我相信他一定事先研究过我的背景情况（事实上正是如此），因为他选择的许多曲子都是我所喜欢的，包括在我的就职仪式上演奏过的《美丽的阿美利加》。对于周恩来来说，"任何大事都是从注意小事入手"。他虽然亲自照料每一棵树，但也能够看到森林。

尼克松的评价是很到位的。反映周恩来工作细致的事例太多了，下面来列举几个：事件之一：抗美援朝战争过程中，志愿军的大盖帽不便于防空、爬山、钻林子，周恩来就建议改为解放帽；战士的单衣原是套头式的，负伤后不好脱，他就建议改为开襟式。事件之二：1966年邢台地震的第二天，周恩来就赶到灾区，在余震未停的情况下，冒着房屋倒塌的危险听取灾情汇报，亲自到一个个村庄慰问受灾群众。当发现群众是迎着风听他讲话时，他立即把位置调过来，自己迎着凛冽的寒风。事件之三：1975年9月，西藏自治区成立10周年，时任国务院副总理的华国锋率领中央代表团参加庆祝活动。临行前，他前往医院问周恩来有没有什么话要带给西藏人民。周恩来要他把《养蜂促农》电影的片子带上，以便促进西藏的农业发展。周恩来一向做好事不留名，叮嘱华国锋不要讲影片是他送的。

六、谦虚谨慎　平等待人

1943年，45岁的周恩来担任中国共产党驻重庆代表团团长期间，为自己制定了七条"修养要则"：一、加紧学习，抓住中心，宁精勿杂，宁专勿多。二、努力工作，要有计划，有重点，有条理。三、习作合一，要注意时间、空间和条件，使之配合适当，要注意检讨和整理，要有发现和创造。四、要与自己的他人的一切不正确的思想意识作原则上坚决的斗争。五、适当地发扬自己的长处，具体地纠正自己的短处。六、永远不与群众隔离，向群众学习，并帮助他们。过集体生活，注意调研，遵守纪律。七、健全自己的身体，保持合理的规律生活，这是自我修养的物质基础。[①] 在以后30多年的政治生涯中，他始终按照这些高标准要求自己。除最后一条外，"修养要则"的其他几条他都做得很好，尤其是第六条。这一条强调密切联系群众，向群众学习和帮助群众。

周恩来做出了卓越贡献，但他将功劳归于党员干部、人民群众。他主持讨论会，从不唱独角戏，总是鼓励、启发大家提意见，特别是提不同意见。中华人民共和国成立初期，很多民主党派人士都很有个性，不太愿意参加各种会议，但都愿意参加周恩来主持的会议。如果有人提出

[①] 《周恩来选集》上卷，人民出版社1984年版，第125页。

了好意见，周恩来就采纳。事后还讲这个意见是谁提的，他说这叫"不能掠人之美"。这并没有降低周恩来的威望，反而使得更多的人围绕在他周围，使周恩来很好地实现了对他们的领导。这正是周恩来所追求的"领导群众的基本方法和态度要使他们不感觉我们是在领导"[①]。

周恩来这样说，也是这样做的。他平易近人、平等待人，真诚地同各界人士广泛交往，从不以领导者、胜利者自居。在同原国民党战犯座谈时，杜聿明这些人都说愧对老师教诲，周恩来却说怪自己当年在黄埔军校没有教育好他们。在同末代皇帝溥仪会见时，周恩来也没有高高在上的架子，而是真情实意地为他的家族解决实际困难。

曹渊是北伐名将，是叶挺独立团第一营营长，1926年9月在攻占武昌战斗中牺牲。1938年，他14岁的儿子曹云屏在安徽分别给曾是自己父亲老上级的两位长辈周恩来和叶挺写信，看能否给予帮助，提供一个学习深造的机会。周恩来、叶挺分别回信。周恩来复信开头称"云屏贤弟"，信中说："令尊曹渊同志为谋国家之独立、人民之解放而英勇的牺牲了。这是非常光荣的。我全党同志对曹渊同志这种英勇牺牲精神，表示无限的敬意。""知云屏弟在家中以家境贫苦虽无法升学，而求深造之心甚切，足证曹渊同志有其子也。如弟能离开家庭则望来汉口，以便转往陕北延安抗大或陕公受训，并付来洋二十元，藉作来汉路费。"[②]

在周恩来的帮助安排下，后来曹云屏到延安学习，一生未忘周恩来

[①]《周恩来选集》上卷，人民出版社1984年版，第131页。
[②]《周恩来书信选集》，中央文献出版社1988年版，第145页。

对他的关心。

在外交工作中，周恩来对翻译的关怀无微不至。在开会研究重大外事问题时，他也让翻译参加，以便了解情况，掌握政策。有一段时期，在我国领导人会见外宾的消息稿中会一一列出中方陪同会见人员的名单。周恩来特别交代，翻译的名字不可漏掉。同时，周恩来和翻译之间的平等关系也让第一次接触周恩来的基辛格感到新奇。1971年7月19日，基辛格致信白宫工作人员称："有一件事让我感到吃惊：当你从阅读中知道旧中国的循规蹈矩之后，你现在看到他们没有等级制度会觉得吃惊，例如，周与其翻译员之间的那种个人关系。他们之间的个人关系相当随意，不像你会在西方任何正式的同级别场合所看到的那样。"[1]

周恩来对来访的外国政要也关怀有加。1973年1月，中曾根康弘作为日本田中内阁的通产大臣访问中国。他后来说：会谈结束是在凌晨1点，我要回宾馆时，周恩来总理特意把我送到人民大会堂台阶下面。因为天冷，周总理把自己的大衣披在了我身上。中曾根说："我很感动。他像亲人一样温暖。我也下了决心，要做日中友好工作。我就此成了亲中派。"他说："中国的总理把日本的通产大臣送到外面并给披上大衣，这是很难得的。我因此感到周恩来这样的人格魅力仍是表现了东方人的特点，欧洲的领导做不到这一点。法国总理希拉克在我上车时只是出来挥挥手。"

---

[1] 张曙光、周建明编译：《中美"解冻"与台湾问题：尼克松外交文选选编》，香港中文大学出版社2008年版，第332页。

周恩来没有丝毫架子，这也使敌对阵营的人很钦佩。周恩来陪同毛泽东在重庆与蒋介石谈判时，国民党派来当警卫的一个排的宪兵也成了周恩来做工作的对象。周恩来没有丝毫架子，十分关心他们的生活，宪兵们非常感动。蒋介石得知情况后，便下令对派来的宪兵一星期换防一次。

七、艰苦朴素　严于律己

周恩来一生艰苦朴素。革命年代自不必说，中华人民共和国成立后仍保持了这一本色。

周恩来在中南海的办公地点是西花厅，因年久失修，房屋与家具等都很陈旧。身边的工作人员利用周恩来外出视察、开会的机会，组织工人对西花厅进行了一些较大的维修和改建，结果遭到周恩来的严厉批评，最后不得不将新买的沙发、灯具等家具统统归还公家。1965年，随着国民经济逐步好转，工作人员又建议翻修西花厅，并说西花厅也属于古建筑，从保护的角度来讲，也该修理一下。周恩来一听说保护古建筑，认为有道理，说可以搞一下，但一定要自费，后来一算要两万元，就又打消了这个念头。一直到他去世，西花厅也没有维修过。周恩来逝世后，随着经济的发展，有同志多次建议修建西花厅的前厅、水池和走廊，邓颖超不同意，他们就反复劝说，从保护古建筑的想法入手，邓颖超才点头同意。

人饰衣服马饰鞍。周恩来这一生，无论走到哪里都风度翩翩，人们从来没看到过周恩来衣冠不整的时候。中华人民共和国成立后，周恩来在穿着上依然很简朴。有人算过，他总共做过五次衣服。一次是刚进城的时候，由于要到苏联谈判，做了些衣服。其中法兰绒中山装一直穿到70年代。蓝方格的法兰绒睡衣，也是周恩来唯一的一套睡衣，后来褪了色，打了补丁，也是穿到去世。出国访问时这套睡衣也带着，为了避免外国服务员看到而影响国家形象，周恩来出国都带着一个带锁的箱子将睡衣锁在里面，不让外国人看见。第二次做衣服是在1954年6月访问印度后，因为印度气温很高，周恩来穿的衣服又都是布做的，太厚太热，影响了活动。有了这次教训，回来后周恩来马上置办了两件衬衣。第三次是1960年访问柬埔寨前夕，因为柬埔寨国王去世，周恩来下令代表团全体人员每人做一件白色西服。这次做衣服的目的性很强，并非一般的添置衣装。第四次是1963年在访问欧、亚、非14国前夕。这是周恩来第一次访问非洲，意义重大，他做了几件白衬衣。第五次是在20世纪70年代初，已有外宾看出周恩来的中山装有织补过的痕迹，这事就传出去了。在基辛格来中国与周恩来会谈前，周恩来才同意按原来的样式做一件新的中山装。周恩来的着装人们都很熟悉，最后定格在意大利摄影师焦尔乔·洛迪的镜头中——周恩来穿着灰色的中山装，侧身背倚沙发，左臂扶在沙发上，右臂微微靠在胸前，面容消瘦，双目深邃而坚毅地注视着前方。

艰苦朴素只是周恩来对自己严格要求的一方面。中国人讲究衣锦还乡，但周恩来自12岁离开淮安后再也没有回过家乡。不是他不想念家乡，每次周恩来乘坐的飞机飞临淮安上空时，他都会俯视故乡，流露出眷恋之情。为什么周恩来不回家乡？华裔英籍学者韩素音在其所著的《周恩来与他的世纪》一书中认为："周恩来没有回淮安，因为他明白，他如果回去，他的各门亲戚马上会得到地方官员青睐和特殊照顾……这是难以避免的。""尽管他在那里的童年生活并不愉快，但是他并不怨恨那里的房屋，也不讨厌淮安。他只是不想让他家获得任何特权。"[①] 周恩来不但自己坚持不回老家，而且他的同胞兄弟周恩寿也被迫做出牺牲。1965年春节前夕，周恩寿得悉周恩来要平掉淮安祖坟时，提出回故乡料理此事，既为哥哥分忧，带头移风易俗，又可实现自己探望故乡的愿望。但他提出这个请求时，被周恩来拒绝，周恩来说："你的身份不同，是我周恩来的弟弟。你回去后，省里、县里都要接待你，既影响人家工作，又造成浪费"。所以，周恩寿在有生之年没能回淮安老家看看。临终前他对夫人说："我死以后，要把我的骨灰送回淮安去，让我回到家乡去看一看。"

周恩来不回家乡却深爱着家乡，每次接见淮安县委的同志，他总要关切地询问家乡的建设、人民的生活、经济的发展。但对于修缮自己的故居，周恩来是坚决反对，多次写信给县委明令禁止。

周恩来严于律己还表现在对待亲属的要求上。周恩来经常告诫领导干部要过好思想关、政治关、社会关、亲属关和生活关，他特别强调要过好亲属关。他说："过亲属关，说起来容易，做起来就不那么容易了。

---

① 韩素音著：《周恩来与他的世纪》，中央文献出版社1992年版，第18—19页。

天天和你生活在一起的总有这么几口子。特别是干部子弟,到底是你影响他,还是他影响你?这个问题十分重要。""不要造出一批少爷。老爷固然要反对,少爷也要反对,不然我们对后代不好交代。"[1]周恩来没有子女,但对自己的亲属、晚辈提出比一般人更严格的要求。周恩来生前对亲属制定了十条家规:晚辈不准丢下工作专程看望他,只能在出差顺路时看看;来者一律住国务院招待所;一律到食堂排队买饭菜,有工作的自己买饭菜票,没工作的由总理代付伙食费;看戏以家属身份买票入场,不得用招待券;不许请客送礼;不许动用公家的汽车;凡生活上个人能做的事,不要让别人代办;生活要艰苦朴素;在任何场合都不要说出与总理的关系,不要炫耀自己;不谋私利,不搞特殊化。这十条家规,周家后人一直是遵守的。

周恩来的二弟周恩寿在新中国成立前为党做了一些事情,新中国成立后,他仅是个普通工作人员。后来因病不能坚持正常上班,有关部门就安排他到内务部当参事。周恩来得知后对内务部长曾山讲:"周某人弟弟能够工作时,我不干涉,现在当参事等于拿干薪,就要考虑了。"后来,周恩寿办理了提前退休手续,因孩子多,生活上有困难,周恩来、邓颖超就从自己的工资里拿钱贴补他。

20世纪六七十年代,中央号召知识青年建设边疆,周恩来教育和鼓励侄女周秉建下乡到内蒙古。周秉建在内蒙古应征入伍,回到北京。周恩来问:"你怎么回来了?"周秉建说:"我确实没走后门,是按正常手

---

[1]《周恩来选集》下卷,人民出版社1984年版,第426页。

续应征入伍的。"周恩来说:"女兵这么难当,多少个人才挑一个,怎么就偏偏选上你?"他劝侄女脱下军装,经组织批准又回到内蒙古当了牧民。周秉建在当地表现很好,自治区党委任命她担任自治区团委宣传部长。周秉建向周恩来汇报了这件事,周恩来说:"你怎么能当宣传部长?你又没经过逐级锻炼。我不反对你们知识青年为人民多做工作,但做工作也只能从基层干起。"为此自治区党委撤销了这项任命。后来,当地干部群众又推荐周秉建上大学,周恩来知道后说:"我不反对你上大学。但上大学不是为了跳出大草原,而是为了更好地为牧民们服务,如果你上大学,我建议你学蒙语。"周秉建果然学了蒙语,毕业后又回到内蒙古草原,并与蒙古族青年结了婚,在内蒙古安家落户。[①]

周恩来还教育侄儿周荣庆从北京到河南农村当农民。周荣庆是周恩来大弟周恩溥唯一的儿子。2011年7月,《科技日报》以《周恩来后人54年平民生活:11人中只一个科级干部》为题,报道了周荣庆一家。10月份,河南《大河报》以《周恩来亲人隐居54年多,靠小生意和打工维持生活》进行了后续报道。报道出来后,人们才恍然大悟,没想到周总理的后人竟然默默无闻这么多年。这说明他们的确严格遵守着周恩来定下的"家规"。

[①] 侯树栋主编:《一代巨人周恩来》,中国青年出版社1998年版,第338页。

八、夫妻情深　家庭和谐

周恩来在南开读书时才华出众,该校创办者、社会名流严修曾想以品貌双全的女儿相许,并派人向周恩来传话。周恩来说:"我是个穷学生,要是我接受与有名望的严家联姻,我就得事事听从他们了……"这些话使严修更加敬佩他。[①]

周恩来在一段时期内和当时的许多青年一样,抱定独身主义。1919年五四运动爆发,周恩来从日本回到天津时21岁,邓颖超15岁,在周恩来眼中,邓颖超不过是个小妹妹,两人并未一见钟情。英籍女作家韩素音说:"当时他似乎爱上了另一个姑娘,她的名字一直被小心翼翼地保密。"1920年11月,周恩来赴法国勤工俭学,与邓颖超保持着通信联系,但并非谈恋爱。1956年,周恩来对他的侄女周秉德讲过,他在旅欧初期,曾经有一个比较接近的朋友,是个美丽的姑娘,对革命也很同情。然而,"当我决定献身革命时,我就觉得作为革命的终身伴侣,她不合适"。"这样,我就选择邓颖超。接着和她通起信来,我们是在通信中确定关系的。"

周恩来和邓颖超的通信从1923年开始。1924年周恩来回国,1925年8月8日两人在广州结婚。两人婚后的生活,聚时匆匆,离后悠悠。

[①] 韩素音著:《周恩来与他的世纪》,中央文献出版社1992年版,第35页。

在转战陕北过程中，毛泽东两次大不忍地说，"可苦了恩来呀"，邓颖超"后勤部长没有当好，这么久，你连到前委来慰问恩来也没有啊……"

两人聚少离多，但在关键时候，两人互相支持。长征过草地时，周恩来患阿米巴肝脓疡，邓颖超三天三夜守在他身边。因无法消毒，只好用雪山上的冰块敷在肝区上部，以控制炎症的发展。三天后，周恩来排出半盆脓才转危为安。周恩来清醒后没有两天，邓颖超因掉进沼泽发起高烧。当时仅有一支退烧针了。邓颖超坚持把这支针留给周恩来，自己靠坚强的信念挺了过来。

在事业上，他们互相理解。中华人民共和国成立初期，很多人要求邓颖超出任政务委员职务，担任部长。周恩来没有同意，他说："我是政府总理，如果邓颖超是政府里的一个部长，那么我这个总理和她那个部长就分不清了。这不利于党的事业。"1974年底，筹备四届全国人大时，毛泽东提议让邓颖超担任全国人大常委会副委员长，周恩来不同意，又把这件事压了下来。邓颖超对此也理解支持。

两人在工作中，互不打听，从不传话，严守党和国家的秘密。周恩来生前对邓颖超说："我有很多很多的话还没有说。"邓颖超也这样对周恩来说。可最后两人什么都没有说。眼见已经到了弥留之际，叶剑英取来一叠白纸，对病房值班人员说："总理一生顾全大局，严守机密，肚子里装着很多东西，死前肯定有话要说，你们要随时记下。"但总理去世后，值班人员交到叶帅手里的仍然是一叠白纸。

周恩来和邓颖超一起共同生活了50余年,他们的爱情一直被世人所传颂。现节选他们书信中的几个片段,让我们来欣赏一下:

来:你走了三天了。我可想你得太!这回分别不比往回,并非惜别深深,而是思恋殷殷!……你走了,似乎把我的心情和精神亦带走了!我人在延安,心则向往着重庆,……你走了,兄姊和妹子们都很关心我,……感谢她、他的友爱情谊,然而却不能减释我对你的想恋!你一有可能与机便,还是争取飞回来吧!我热烈地欢迎你!深深地吻你!轻轻吻你!

你的超 1944.11.12 延安

鸾:抵杭已一周,……前日放晴,春风和煦,已带来温暖,令人心情精神为之爽振。……湖滨山岭,梅花盛开,红白相映,清香时来,美景良辰,易念远人。特寄上孤山之梅、竹、茶花、红叶各一,聊以寄意,供你遥领西湖春色也。……我远在西子湖边,你应自知珍重。就寝时间之公约,实行得如何念念。纸短情长,就此打住。

凤 1951年3月3日

1951年3月17日,周恩来接到邓颖超的来信后复信:

超:西子湖边飞来红叶,竟未能迅速回报,有负你的雅意。忙不能做借口，这次也并未忘怀，只是懒罪该打。……期满归来，海棠桃李均将盛装笑迎主人了。

九、周恩来人格风范的特征和成因

周恩来的人格风范具有鲜明的特征：一是崇高。他完全超越了自我，心中只有人民，达到无我的境界；他敢于藐视一切困难，不惧怕任何邪恶势力，达到无畏的境界；他顾全大局，相忍为党，承受一切误解甚至错误的批评，达到无怨无悔的境界。二是和谐。周恩来非常重视人格的和谐、均衡。他说："每个人要在德、智、体、美等方面均衡发展。不均衡地发展，一定会有缺陷，不仅影响个人能力的发挥，对国家也不利。"[1] 周恩来的人格特质既是优秀的、杰出的，又是和谐的、均衡的。三是稳定。人格的形成及其发展要经历不断升华的过程。周恩来人格同样经过了从"思想颤动"到"主义认定"的过程，并且不断升华。同时，人格又是可塑性和稳定性的统一，而稳定性是周恩来人格的主要特征。他的人格形成后，无论在顺利时还是在逆境中亦或是危险时刻，都是不动摇的。

周恩来的人格风范，无论是其内涵还是其表现出来的特征，无一不凸显出中国优秀传统文化的深刻烙印。有学者指出：中国儒家的入世、忧患，追求道德的自律与完善；道家对外在功名利益的相对超脱和达

---

[1]《周恩来选集》下卷，人民出版社1984年版，第129页。

观；墨家的勤苦和为群体的事业不惜一切的献身精神；纵横家审时度势的机敏才智以及法家的严谨与务实，似乎都可以在周恩来身上找到一些影子。[①] 这是符合实际的判断。

周恩来伟大人格和崇高风范的形成，是各种社会关系的产物。

首先是家庭的熏陶。周恩来出生后不久，因叔父经常生病没有子女，就过继给叔父冲喜，结果叔父不久就去世了，他就由嗣母陈氏抚养。嗣母是受过教育的女子，终日守在房中不出门，周恩来说他好静的性格是从嗣母身上承继过来的。周恩来的生母却是一个性格爽朗、精明果断的人，经常被请去处理家族内部的纠纷。周恩来耳濡目染，后来说他的性格也有生母的这一部分，但总的来说，受嗣母的影响要多一些。周恩来说过："母教的过分仁慈和礼让，对我的性格是有影响的，缺少那种野性。"周恩来的父亲周贻能早年曾学做师爷，但未学成。他后来长期奔波在外，谋一些小差事，一直未能给周恩来更多的父爱和关怀。在9岁到10岁间，周恩来的生母和嗣母先后去世。幼小的他带着两个弟弟在族人的帮助和接济下度日，受了不少屈辱。周恩来说："我从小就懂得生活艰难。父亲常外出，我10岁、11岁即开始当家，照管家里的柴米油盐，外出应酬。"少年周恩来在家中墙上贴一张纸，按封建家庭的习俗，"把亲戚们的生日、死期都记下来，到时候还要借钱送礼，东家西家都要去，还要到处磕头"。这种经历使周恩来积累了一定的办事和协调能力，同时也培养了他柔中带刚、愈挫愈奋

---

① 吕星斗主编：《周恩来和他的事业》，中共党史出版社1990年版，第533页。

人格的力量

的心理品质。这种身世，有助于理解周恩来后来成为出色的国务活动家的角色定位。

其次是社会的教化。周恩来12岁离家去东北，这是他生活和思想转变的关键。他曾说："没有这一次的离家，我的一生一定也是无所成就，和留在家里的弟兄辈一样，走向悲剧的下场。"[1]在东北的生活对周恩来也是很好的锻炼。他说："无论是冬夏，我们都要做室外体育锻炼，把文弱的身体锻炼强健了。再一个好处是吃高粱米，这改变了我的生活习惯，我的骨骼长得更大了，也锻炼了我的肠胃，这就使我的身体能够适应以后的战争年代和繁忙的工作。"有人把周恩来的人格形成，归因于一种"中国的南方人独特的灵活性与北方的勇猛相融合的保持平衡的混合物"，认为他从中国南方和北方不同环境的锻炼中得到了最大的益处，使他日后能够领导这个幅员辽阔并且变化万千的国家。

当时，周恩来是跟随伯父周贻庚到东北求学的，毕竟是个孩子，他常常被浓烈的怀乡思亲之苦所折磨。1916年春，他在南开求学时的一篇作文中写道："津辽七载，所系梦寐者，亦仅思瞻我乡土，乐我兄弟，省我伯叔而已。乃境遇困人，卒难遂愿。"有一年除夕，同学们大多回家了，他的这种感情更难抑制："夫今日何日耶？非家庭团聚时耶？余也何如父母双亡，北堂久不闻唤子之声。……尤令人泪盈枕席，竟夜不能寐矣。"他在1918年2月12日的日记中写道："想起来这个年，我们家里可以说是极难堪了，东西南北，分散各处。比着说，还是我处境稍

---

[1] 金冲及主编：《周恩来传》（1898—1949）上，中央文献出版社1998年版，第7页。

优呢。抚心自问，我实在是不安，翻来覆去，也睡不着了。"

周恩来对家族伦理情感的强烈渴求，在求学过程中便转换成为身边之人"服役"的精神。他在学校甘于奉献，凡力所能及之事，从不吝惜自己的时间和精力，反而觉得很有乐趣。南开中学毕业时，《同学录》给了他这样一段评语："君性温和诚实，最富于感情，挚于友谊，凡朋友及公益事，无不尽力。"与"服役"精神相映照的，是谦虚的品性。他从不锋芒毕露。他和几个同学共同发起成立"敬业乐群会"，同学们公认他出力最多，但周恩来却坚持推举另一个同学担任会长。

周恩来的这种急人好公的利他行为很少有外在的功利色彩。这就注定了他在一生风雨中，无论在什么情况下，都割不断自己和社会、和朋友、和事业、和使命的千丝万缕的联系。周恩来在旅日期间，由于不适应而感到孤独，加之家庭贫困，还有几次入学考试没有通过，他曾经考虑用佛家的思想来解脱尘世的痛苦。但是，"闹了多少日子，总破不开情关，与人类总断不绝关系。虽不能像释迦所说的'世界上有一人不成佛，我即不成佛'那么大，然而叫我将与我有缘的一一断绝，我就不能，哪能够再学达摩面壁呢？"后来人们还能从他口中听到"我不入地狱，谁入地狱"这句本来属于宗教教义的道德名言。这说明，周恩来真的是破不了情关，断不了尘缘。这正是当党的事业遇到巨大挫折，他仍会勇往直前，当个人名誉受到很大误解，他也不会拂袖而去的心理基础。

再次是实践的锻造。实践锻造人格，实践是人格内化的基本途径。

周恩来进行的实践锻炼，不囿于家教所进行的知书达理、勤俭持家、排解纠纷的"家事"，而且还包括了如何拯救民族危亡、山河破碎的"国事""天下事"。由此，他由一个"齐家"的青年开始走上"治国""平天下"的革命道路，最终确立了共产主义信仰，确立了为劳苦大众翻身解放而奋斗的集体主义道德人格。周恩来投身革命斗争后，经历了更为波澜壮阔、丰富多彩的长期实践和锻炼。在实践中，他不但增长了政治斗争经验，增强了解决复杂矛盾的能力，同时又身体力行践行共产主义道德规范，纯净和升华了道德人格。

最后是修身和自省。如果说家庭熏陶、社会教化、实践锻造是周恩来人格形成的社会基础或客观途径的话，那么修身自省就是周恩来人格形成的主观条件和根本途径。他多次说："中国古代的曾子尚且'吾日三省吾身'，常常想想自己，何况我们。"周恩来深谙修身自省的真谛，明确提出"要与自己的他人的一切不正确的思想意识作原则上的斗争"，"具体地纠正自己的短处"；明确提出要"活到老，学到老，改造到老"。无论在周恩来的实践中，还是他的著作中，都可以时时处处看到他用共产主义思想道德对照检查自己言行的记录。他严格地进行自我解剖、自我批评，自觉进行思想斗争，牢固树立无产阶级世界观、人生观和价值观，实现道德净化、人格升华。

经过家庭的熏陶、社会的教化、实践的锻炼等途径，通过长期严格的修身自省和思想改造，周恩来把人民的要求、社会发展的要求内化成了自己的人格，攀登上人格境界的制高点，成为中国共产党和中国人民的高德伟人、人格楷模。江泽民在纪念周恩来诞辰100周年大会上的讲话中指出："在他的身上，凝铸着中华民族的传统美德和工人阶级的优秀品格。他的崇高精神和人格，感召和哺育着一代一代共产党人，已经成为推进我们党和国家事业的一种巨大力量。"胡锦涛在纪念周恩来诞辰110周年座谈会上的讲话中指出："他身上集中体现了中国共产党人的高风亮节，在中国人民心中矗立起一座不朽的丰碑。"2009年4月，习近平在江苏淮安瞻仰周恩来故居和纪念馆时充满深情地说："周恩来同志是共产党员特别是领导干部的楷模，我们要坚持学习他的崇高风范、高尚品德和伟大精神，自觉加强党性修养，注重品行锻炼，弘扬良好作风，以优良的党风促政风带民风。"2018年3月，习近平在纪念周恩来诞辰120周年座谈会上的讲话中指出："周恩来同志半个多世纪奋斗的人生历程是中国共产党不忘初心、牢记使命历史的一个生动缩影，是新中国孕育、诞生、成长和取得崇高国际威望历史的一个生动缩影，是中国人民在自己选择的革命和建设道路上艰辛探索、不断开拓、凯歌行进历史的一个生动缩影。周恩来同志是近代以来中华民族的一颗璀璨巨星，是中国共产党人的一面不朽旗帜。周恩来同志的崇高精神、高尚品德、伟大风范，感召和哺育着一代又一代中国共产党人。周恩来同志身上展现出来的中国共产党人的崇高精神，是历史的，也是时代的，将激励我们在新时代坚持和发展中国特色社会主义征程上奋勇前进。"

一个人怎么样才能不朽？中国自古有"三不朽"的说法：太上立德，其次立功，再次立言。立德、立功、立言的人都可以不朽，三者相比，立言容易，立功稍难，立德最难。近代中国涌现出的风云人物，立言、立功的不计其数，立德的却是屈指可数。无论是党内还是民间，周恩来备受敬重，不仅因为他立下了丰功伟业，更因为他立下了道德典范。他既是以大公无私、全心全意为人民服务为宗旨的中国共产党人新的道德精神的笃行者，又是以忠孝诚信、礼义廉耻为核心的中华传统美德的继承人。在周恩来晚年的时候，有人讥讽他是周公，是当代"大儒"，殊不知，周公正是奠定中华礼乐文化体制的圣人，而真正的"大儒"，则是"先天下之忧而忧，后天下之乐而乐"的大丈夫。细细品味周恩来的人格风范，你就会感知他的胸膛在为谁呼吸，他的脉搏在为谁跳动，他的思想在为谁运作，他的血汗在为谁流淌，他的生命在为谁尽瘁！所以，习近平总书记说："周恩来，这是一个光荣的名字、不朽的名字。每当我们提起这个名字就感到很温暖、很自豪。周恩来同志在为中国人民谋幸福、为中华民族谋复兴、为人类进步事业而奋斗的光辉一生中建立的卓著功勋、展现的崇高风范，深深铭刻在中国各族人民心中，也深深铭刻在全世界追求和平与正义的人们心中。"

高山仰止，景行行止。周恩来的伟大人格和崇高风范，是中国共产党和中国人民宝贵的精神遗产，将永远激励着中华儿女为实现中华民族伟大复兴的中国梦而努力奋斗！

第三章
刘少奇的人格风范

在党的七大上,刘少奇以543票全票当选为中央委员。在七届一中全会上他又当选为中央政治局委员。会议选出毛泽东、朱德、刘少奇、周恩来、任弼时5人组成中央书记处,刘少奇成为党的第一代中央领导集体的重要成员。刘少奇之所以得到全党的高度认同,除了他坚定的政治立场和卓越的政治智慧以及高超的领导水平与理论水平外,杰出的党性修养也是一个重要方面。他不仅写了《论共产党员的修养》这本著作,还以自己的身体力行为全党同志做出了表率。正如邓小平在刘少奇追悼会上的悼词中所说:"刘少奇同志言行一致。他在《论共产党员的修养》中对广大党员提出的党性锻炼的要求,自己都以身作则地实践了。"

一、坚定的理想信念

同所有老一辈无产阶级革命家一样,刘少奇也是以"路漫漫其修远兮,吾将上下而求索"的精神走上革命道路的。在之后的革命斗争过程中,虽然多次遭受排挤、打击、迫害,仍以"虽九死其犹未悔"的执着,坚定地为党工作着。

为了寻求救国救民的真理,1919 年刘少奇赴法勤工俭学。1920 年 6 月,从保定育德中学留法预备班毕业后,刘少奇因赴法费用返回长沙筹钱。但不久传来赴法受阻的消息。在赴法留学的愿望不能实现的失望心情中,刘少奇偶然看到长沙《大公报》上报道的俄罗斯研究会组织湖南青年赴俄勤工俭学的消息。经人介绍,1920 年初冬,刘少奇和任弼时、萧劲光等乘船前往上海,到上海法租界内的霞飞路新渔阳里六号的上海外国语学社就读。学社学员主要由各地共产主义小组和革命人士选送和推荐,在这里学习了一段时间的俄语和革命理论后,刘少奇被派往莫斯科学习。

1921 年 5 月,刘少奇、任弼时、萧劲光等离开上海,前往苏联。经过两个多月,于 7 月 9 日到达莫斯科。不久,刘少奇进入东方劳动者共产主义大学学习。刘少奇后来曾多次回忆起这次旅行。1960 年刘少奇率中国党政代表团访问苏联,12 月 7 日,他在莫斯科各界为欢迎中国党政

人格的力量

代表团举行的苏中友好群众大会上说："为了学习十月革命的经验，1921年春，我和其他几十个青年团员第一次来到你们的国家。我们从上海到海参崴，经过赤塔到莫斯科。那时候，海参崴还被日本军队占领着，远东共和国也还没有进行社会主义改革。从海参崴到莫斯科走了三个月，火车时开时停。当时火车本是烧木柴的，有时候还要乘客从山里去搬运木柴，火车才能继续行走。当时你们的国家处在革命后的最困难时期，我们看到了并且亲身经历了这些困难。我们当中有部分人对社会主义的信心发生了动摇，但是我们另一部分人对社会主义的信心却因此而更加坚定了。"[1]

到达莫斯科后不久，组织安排刘少奇等人进入东方劳动者共产主义大学学习。1921年冬，刘少奇等在学校转为中共党员，入党介绍人是罗亦农和袁达时。对于这段不长时间的学习，刘少奇后来回忆道："在东方大学学了八个月跑回来了，也算取了经，取到的经不多就是了。当时我们学得不多，倒是我自己的革命人生观开始确定了。懂得组织上的一些东西，讲纪律、分配工作不讲价钱、互相批评、一切服从党，这些东西我脑子里种得很深。"[2]

由于理想坚定，因此干革命的劲头也十足，丝毫不会计较分工与条件好歹。1922年5月，刘少奇回国来到上海，党组织把他分配到中国劳动组合书记部工作。1922年党的二大后，中共中央执行委员会委员长陈

---

[1] 金冲及主编：《刘少奇传》上卷，中央文献出版社2008年版，第29页。
[2] 《刘少奇论党的建设》，中央文献出版社1991年版，第510页。

第三章　刘少奇的人格风范

独秀找刘少奇谈话，决定派他回湖南工作，担任中共湘区执行委员会委员。1922年8月，刘少奇回到湖南，在长沙市小吴门外清水塘22号和中共湘区执行委员会书记毛泽东接上了头。不久，即受组织派遣赶到安源，和李立三一起领导路矿工人的罢工斗争。直到1925年春，刘少奇才告别安源，前往广州。当时，安源有党员200余人，团员433人，党员人数占全国党员的1/3。① 安源工人运动在刘少奇的直接领导下形成了很大影响，得到党中央和陈独秀的称赞。陈独秀在党的三大上总结二大以来中央和各地区工作时曾说："就地区来说，我们可以说，上海的同志为党做的工作太少了。北京的同志由于不了解党组织，造成很多困难。湖北的同志没有及时防止冲突，因而工人的力量未能增加。只有湖南的同志可以说工作得很好！"②

带着对革命的满腔热情，刘少奇忘我地进行革命工作。在1925年5月7日闭幕的全国劳动大会上，刘少奇当选第一届中华全国总工会执行委员会副委员长。五卅运动爆发后，刘少奇积极投身于运动的发动组织领导工作，终因操劳过度导致肺病复发。《上海总工会三日刊》于1925年10月16日发表了一篇题为《刘少奇的奋斗》的文章，对他的这种工作精神作了报道：本会总务科正主任刘少奇，在本会未被封以前，早就患病在身，但因工人利益要紧，宁肯牺牲个人，抱病工作。自本会被封后，因工作过劳，病势更重，而刘少奇不仅不因病辞工，更日夜不休息

---

① 王光美、刘源等著，郭家宽编：《你所不知道的刘少奇》，河南人民出版社2000年版，第14页。
② 《陈独秀同志代表中共中央向第三次党代表会议的报告》，1923年6月。

片刻，检阅各种稿件，亲往工人群众家中接洽各种事件。昨日，刘君与某工友云："如果真正为工友奋斗，替工友谋利益的人，并不在平日工人组织公开的时候看他工作如何，而在最紧急的时候，看他努力不努力以为断。"① 这种对革命工作的勤恳精神，就是源于对革命理想的坚定！

二、守纪律　顾大局

由于信念不动摇、政治立场坚定，即使受了不公正的批评和对待，刘少奇都能忍辱负重、顾全大局，遵守组织纪律。比如，1928年到顺直（今北京和河北）省委去处理顺直问题，结果挨了批评，作为当时的中央委员的刘少奇被调到沪东区委工作，但刘少奇丝毫没有犹豫和抵触情绪。1929年又被派往满洲省委去做"垦荒"工作，等问题解决了回到中央，刘少奇又受到更加严厉的批评和指责。但这些打击丝毫没有动摇刘少奇的革命意志和对党的忠诚，他仍然满腔热情、兢兢业业地为党工作着。在遭到打击期间，他依旧提出正确的工作主张，而这些主张与当时犯"左"倾错误的中央的观点是不一致的。当年担任全国总工会宣传部长的杨尚昆后来这样评论："少奇同志在这种极其复杂而又艰难的环境中，正确地估计了敌我力量极为悬殊的情况，明确提出了白区工作的指导方针——以防御为主，尽量利用合法的机会开展活动，以便在群众工作的基础上，使党的组织长期隐蔽，积蓄力量，以待时机。……少奇同

---

① 金冲及主编：《刘少奇传》上卷，中央文献出版社2008年版，第71页。

志主张公开工作和秘密工作既要严格分开，又要巧妙地联系起来。……王明上台后，他们号召在黄色工会里公开组织赤色反对派，少奇同志对我说，这是自己把'红帽子'戴上孤立自己的愚蠢做法。"[1]刘少奇关于白区工作的正确主张，和他敢讲真话、敢于坚持真理的品格，为"左"倾思想占统治地位的临时中央所不容，从而遭到更严厉的打击。康生、博古等先后撰文批评刘少奇。最后，临时中央政治局撤销了刘少奇中央职工部部长的职务，保留了中央政治局候补委员的职务。[2]

即使受到这样沉重的打击，也丝毫没有动摇刘少奇革命的信念和对党的事业的忠诚。1932年冬，刘少奇离开上海，秘密前往中央苏区。1933年4月被任命为劳动人民委员部副部长。当时，苏区工会工作和劳动部门的工作存在着比较严重的"左"的错误。1931年11月，中华工农兵苏维埃第一次全国代表大会通过的《中华苏维埃共和国劳动法》，照搬苏联的规定，严重脱离产业极不发达的农村革命根据地的实际情况。如规定：通常每日工作时间不超过八小时；除每周休息一天外，工人连续工作六个月以上的至少有两个月例假；工人参加社会工作，无论时间多少，都不得克扣工资；工厂要出资建筑工人宿舍，无代价地分给工人及其家庭等。这些都是雇主难以承受的。在苏区内，出现私人企业倒闭、失业工人增加、师徒关系紧张等不利于经济发展的消极现象。[3]针对这些情况，受到撤职处分的刘少奇并没有因为自己的个人问题产生

---

[1] 杨尚昆：《怀念少奇同志》，《缅怀刘少奇》，中央文献出版社1988年版，第3页。
[2] 金冲及主编：《刘少奇传》上卷，中央文献出版社2008年版，第162—165页。
[3] 金冲及主编：《刘少奇传》上卷，中央文献出版社2008年版，第172页。

人格的力量

对革命事业袖手旁观的不良情绪或消极心理，而是站在党的事业和革命的立场，提出自己的主张。他尖锐地批评那种强迫雇主接受失业工人就业的办法是一种"挖肉医疮"的办法。他分析指出："如是使这个工厂或店铺也变成不能维持，而不得不倒闭下去。这样一来，工人的失业就更多了，再强迫介绍到其他的工厂店铺去，再又使其他的工厂店铺不能维持而倒闭，辗转这样做下去，不独不能把工人的失业问题解决，而且会使失业工人愈来愈多，愈难解决。"那么，怎样来解决失业工人的问题呢？他提出两种办法：一是从资本家、地主手中筹款救济失业工人；二是要动员失业工人参加合作社、参加革命、参加工人师，为失业工人广找出路。[①]在刘少奇等的批评与建议下，临时中央政府人民委员会决定修改《劳动法》，并于1933年10月15日颁布实施，对那些不切实际的条文作了修改。由于刘少奇等实事求是的"仗义执言"，最大可能地减少了教条主义在实际工作中的危害。

1937年，主持北方局工作期间，刘少奇的工作非常出色，也得到当时负责中共中央领导工作的张闻天等领导人的高度肯定。然而，在1937年12月召开的政治局会议上，王明对中共中央前一阶段强调"独立自主"提出严厉指责，刘少奇在会上也受到批评。王明说他"过分强调独立自主"，"把独立自主提得很高，把整个问题都提到独立自主"，"这会妨害统一战线"；还批评他对"游击战争的作用过分强调"。[②]尽管如此，

---

① 刘少奇：《停止"强迫介绍"与救济失业工人》，《苏区工人》第3期，1933年7月15日出版。

② 金冲及主编：《刘少奇传》上卷，中央文献出版社2008年版，第274—275页。

刘少奇仍然坚持自己的正确立场和观点，同时服从党的政治纪律和组织纪律，全心全意做好党分配的任何工作。

　　刘少奇遵守纪律的党性修养在党内树立了榜样。1949年4月刘少奇受中央命令前往天津。临行，他先向华北局报到。薄一波回忆："四月初的一天，少奇同志来到华北局机关，对我说：'我来向你报到。'并告诉我，他将去天津巡视工作。我说，你是中央领导同志，该上哪就上哪，何必特意来告诉我。少奇同志严肃地说，按照组织原则，应该这样做。并嘱咐我，他在天津的活动，由天津市委向华北局报告，再由我向中央和毛主席报告；中央和毛主席有什么意见，由我向他传达。此事，表现了少奇同志高度的组织性和纪律性，使我受到一次深刻的党性教育。"[1]

　　中华人民共和国成立后，在与高岗的斗争中，尤其体现了刘少奇讲纪律顾大局的党性修养。东北是老解放区，大部分农村在1948年就完成了土改，大多数分得土地的农民经过辛勤劳动，生活得到改善，并不同程度地扩大了生产规模，其中一小部分人还购进了少量土地或拥有少量雇工。怎样对待农民这种要求发家致富的积极性？是加以限制，还是让它发展一段，以提高农村生产力？这是党的农村政策必须回答的问题。中共中央东北局书记高岗主张现在就加以限制。1949年12月初，他在东北农村工作座谈会上提出："必须使绝大多数农民'由个体逐步地向

---

[1] 薄一波著：《回忆刘少奇同志建国初期的一些经济建设思想》，《领袖元帅战友》，中央党校出版社1989年版。第54页。

集体方向发展'。组织起来发展生产，乃是我们农村生产领导的基本方向。"① 根据刘少奇的指示，中共中央组织部批评了东北局的做法。高岗对此十分不满。1951年4月，中共山西省委向中共中央和华北局写了一份《把老区互助组织提高一步》的报告，提出了一些新的看法。华北局不同意山西省委的意见，华北局负责人请示刘少奇后明确做了答复。但是毛泽东明确表示他支持山西省委的意见，并要求陈伯达在1951年9月召开第一次农业互助合作会议。毛泽东在知道高岗对刘少奇有意见后，曾建议高岗直接找刘少奇谈谈，并且对高岗说："少奇同志是个很老实的同志，他会有自我批评的，你跟他可以说得通的。"② 可是高岗根本不去找刘少奇。刘少奇本着维护团结的愿望，曾两次找高岗谈话，征求意见，并做了诚恳的自我批评。高岗反而对别人造谣说，刘少奇不肯进行自我批评。在了解饶漱石在中央组织部的不正常活动后，刘少奇同他谈话，坦率地表示不同意他的做法，希望他冷静从事。③

尽管毛泽东在某些问题上对刘少奇有过批评，但他对刘少奇是信任的。他发觉高岗的问题后，曾经对人说过，少奇同志是大公无私的，是正派的，他绝不是那种搞宗派的人。④

---

① 金冲及主编：《刘少奇传》上卷，中央文献出版社2008年版，第635页。
② 薄一波著：《若干重大决策与事件的回顾》上卷，中央党校出版社1991年版，第318页。
③ 金冲及主编：《刘少奇传》上卷，中央文献出版社2008年版，第686—687页。
④ 薄一波著：《若干重大决策与事件的回顾》上卷，中央党校出版社1991年版，第318页。

三、党的利益高于一切

刘少奇在《论共产党员的修养》中指出，党的利益高于一切，共产党员无条件地服从党的利益。刘少奇不仅是这么教育党内同志的，更是以身作则感染党内同志，做出了表率。

正如有的研究者指出：刘少奇一直坚持正确主张，批评党内错误倾向，承受没完没了的批判，戴着右倾帽子，又每每受命于危难，毫无怨言，不计代价地奔赴最艰苦、最复杂、最凶险的岗位，为党、为民族顽强斗争。他那超乎常人的坚强意志和忍辱负重的精神，那丰富的经验和深厚的理论功底，那超强的组织纪律性和实事求是、坚持真理的勇气，就是在这时期锻炼形成的。[①]

1928年3月24日，中共中央临时政治局举行常委会议，讨论顺直工作问题。会议决定派刘少奇去天津，以中华全国总工会特派员的身份负责全国铁路总工会的领导工作，并同天津、唐山工作发生关系。刘少奇在这时奉命到顺直工作，可以说是在艰难的时刻到一个格外艰难的地区去。1927年4月28日，奉系军阀首领张作霖在北京杀害李大钊等20名革命党人，北方党组织顿时失去领导中枢，工作陷于半停顿状态。随着大革命的失败，中国革命普遍走向低潮，各地党的组织均不同程度地

---

① 王光美、刘源等著，郭家宽编：《你所不知道的刘少奇》，河南人民出版社2000年版，第15页。

遭受破坏。白色恐怖的恶劣环境，加上党内错误路线的领导，导致不少地区党内组织纪律涣散，甚至在组织机关内发生许多无原则的派别纠纷。而这种状况，尤以在顺直地区表现突出，这就是当时党内同志都知道的、棘手的"顺直问题"。①

刘少奇于1928年3月下旬到达天津，首先从调查研究入手，搞清顺直地区党组织的历史状况。他通过调查发现，当时顺直地区党组织内的突出问题，一是极端民主化倾向的严重泛滥；二是闹经济主义。这些问题不是短时间内可以解决的。从1928年春到1929年春，刘少奇在顺直省委艰苦工作了一年左右，尽了自己最大的努力。后来，他和陈潭秋一起协助周恩来召开了十二月省委扩大会议，终于初步扭转了顺直地区党组织内的严重涣散状态，引导顺直地区党组织的大部分干部和党员走上从积极开展工作中寻找出路的轨道。②但是，刘少奇的辛苦工作不仅没有得到认可，反而被中央批评为犯了"取消主义"和"命令主义"的错误。1929年春，刘少奇被调至上海工作。

1929年4月，在东北巡视了3个月的中央特派员谢觉哉就满洲地区党的工作向中央写了一个调查报告，报告最后写道："总之，满洲的环境是很好的，有广大的无产阶级和农民……只是文化非常落后，旧思想非常浓厚，我们党的影响非常小，可谓等于零。但是不能说那地方不好做不能做。满洲党需要一个有本事的领导者，首先做点斩除荆棘的垦荒

---

① 金冲及主编：《刘少奇传》上卷，中央文献出版社2008年版，第100页。
② 金冲及主编：《刘少奇传》上卷，中央文献出版社2008年版，第118页。

工作，经过相当时日，不难有很好的成绩出来。"[1] 又是受命于危难之际，1929年7月14日，刚刚受到中央批评的刘少奇受中共中央派遣，从中共沪东区委书记任上来到奉天（今沈阳），担任中共满洲省委书记。上任仅一个月，1929年8月22日，刘少奇在奉天纱厂被捕。由于做了机智的斗争，他于9月上旬出狱。出狱后，刘少奇将个人安危置之度外，迅速主持召开会议恢复省委的工作，并担任省委书记。刘少奇在中共满洲省委前后工作了八个多月，时间并不长，但却整顿了满洲党组织，使党的影响得到扩大。对于刘少奇这段时间工作的成绩，金冲及做出了这样的研究评价：当满洲党处于异常艰难的困境时，他受命于危难之际，肩负中共中央的重托来到东北。他以"拓荒者"的姿态，进行着披荆斩棘的工作，打开了满洲党工作的局面，取得相当的成绩。[2] 但是，正当满洲党组织得到恢复，走上正常轨道，各方面工作也打开了局面的时候，1930年3月下旬，中央接连来信催促刘少奇回上海。回到中央后，刘少奇居然又受到"左"倾中央严厉的批评。比上次在顺直工作受到的批评严厉得多，政治局的一些人甚至指责刘少奇："你错得该死，你在政治上一塌糊涂！你将消灭满洲的党！你该打五百板子！"[3]

1935年12月29日，中央政治局会议决定：刘少奇为中央驻北方代表，到华北指导北方局工作，建立华北抗日民族统一战线，并在全国范围内宣传党的新政策。而当时北方局的工作基本处于瘫痪状态，干部被

---

[1] 谢觉哉：《关于满洲工作报告》，1929年4月13日。
[2] 金冲及主编：《刘少奇传》上卷，中央文献出版社2008年版，第144页。
[3] 金冲及主编：《刘少奇传》上卷，中央文献出版社2008年版，第141页。

抓进监狱，组织内矛盾重重，思想复杂混乱。要整顿北方局的工作，需要披荆斩棘的勇气。刘少奇没有任何犹豫，毅然前往，将北方局的工作搞得有声有色，为打开华北地区乃至整个北方的抗日局面奠定了坚实的基础。

1941年1月6日，皖南事变发生，新四军约九千人陷入重围，情况不明。刘少奇心急如焚。陈毅回忆："少奇同志平时每天只抽一包烟，皖南事变那阵子，每天抽五包烟都不够。他七天七夜没合眼，紧张地处理皖南事变。"①1月14日，新四军皖南部队除约两千人突围外，大部分牺牲。1941年1月20日，中央革命军事委员会发布命令："兹特任命陈毅为国民革命军新编第四军代理军长，张云逸为副军长，刘少奇为政治委员，赖传珠为参谋长，邓子恢为政治部主任。"刘少奇再一次受命于危难之际，迅速领军重建了新四军军部。

皖南事变发生后，面对国民党的倒行逆施，全党全军义愤填膺，强烈要求反击国民党，为新四军死难将士报仇。甚至，党内外不少人认为，这将是导致第一次国共合作破裂的"四一二"反革命政变的重演。1月14日，中共中央指示："中央决定在政治上军事上迅即准备作全面大反攻，救援新四军，粉碎反共高潮"，要求各地准备一切，准备对付最严重事变。对于中央的指示，刘少奇提出了不同意见："（甲）情况：一、全国局面，国民党未投降，仍继续抗日，对共党仍不敢分裂，且怕影响对苏联的关系，在皖南消灭我军，蒋亦曾下令制止，即证明蒋生怕

---

① 金冲及主编：《刘少奇传》上卷，中央文献出版社2008年版，第377页。

乱子闹大。在此时，我党亦不宜借皖南事件与国党分裂。……二、目前华中我占领地区很大，兵力不够，仍不能巩固。皖东北敌伪猖獗，已全部成游击区，原来巩固地区均已丧失……我们部队尚须休整补充。故以华中来看，能在半年、一年之内不发生大的战斗，肃清土匪，巩固现有地区，对我为有利。"[①]这个冷静的、从实际出发的建议对中共中央做出处理皖南事变的决策起了重大作用。刘少奇的建议得到了毛泽东的采纳，党中央确定了"政治上取全面攻势，军事上取守势"的方针，对蒋介石继续采取"一打一拉"的政策，在全国展开猛烈的政治反击，深刻揭露蒋介石制造皖南事变的真相，强烈要求严惩肇事祸首。中国共产党的严正立场和有理有节的斗争得到了国内外舆论的广泛支持，各界进步人士和国际有识之士纷纷谴责国民党的倒行逆施。陈嘉庚等海外侨胞呼吁"弭止内战，加强团结"，苏、美、英等国也对国民党表示极大的不满。蒋介石和国民党顽固派陷入了四面楚歌之中。蒋介石不得不在3月1日召开的第二届国民参政会上表示"以后再亦决无剿共的军事"。至此，以皖南事变为顶点的第二次反共高潮实际上被打退了。新四军则随着斗争的发展不断壮大，部队由原来的6个支队扩编为7个师又一个独立旅，皖南事变后新四军获得了新生。

  直至1942年3月19日，刘少奇才离开新四军军部，经过9个多月的跋涉，12月底到达延安。刘少奇为华中抗日根据地的巩固和发展做出了巨大贡献。

[①] 金冲及主编：《刘少奇传》上卷，中央文献出版社2008年版，第378—379页。

人格的力量

从以上可以看出，刘少奇每每在一个地区或一个部门工作艰难的时候，便会挺身而出。危难之处尽显英雄本色，也最考验一个共产党员的修养，毫无疑问，刘少奇向党组织交出了满意的答卷。由此，他的卓越的政治领导才能和优秀的党性修养也逐渐得到党内同志的认可。在1941年9月召开的政治局会议期间，陈云、王稼祥、任弼时等人不约而同地提出：有些干部位置摆得不适当，要正位，如刘少奇同志将来的地位要提高。甚至曾经批评过刘少奇的康生也承认自己过去反对错了。[①]任弼时说："我党的毛主席、刘少奇能根据实际情况来工作，所以犯主观主义更少些。"对于刘少奇，陈云也认为"与毛主席一起，是苏维埃运动后期正确路线的代表，应当给予重要的领导责任"[②]。因此，1943年3月16日和20日，政治局经过两次会议讨论后，正式通过《中共中央关于中央机构调整及精简的决定》，由毛泽东、刘少奇、任弼时三人担任新成立的书记处书记。"为着保证党务与各种政策能与军事行动取得更加密切的配合，决定刘少奇参加军委并为军委副主席之一。"[③]赋予了刘少奇前所未有的领导重任。经过艰难困苦锻炼的刘少奇成为除毛泽东之外的党的"主心骨"，越来越受到全党同志的肯定与拥戴。

[①] 王光美、刘源等著，郭家宽编：《你所不知道的刘少奇》，河南人民出版社2000年版，前言第21页。
[②] 金冲及主编：《刘少奇传》上卷，中央文献出版社2008年版，第446页。
[③] 金冲及主编：《刘少奇传》上卷，中央文献出版社2008年版，第449页。

四、善于开拓性地工作

敢于担当，为了党的事业和人民的利益，善于开拓性地开展工作，这是共产党员的优秀品质。这一方面，刘少奇表现得非常突出，也为此吃了不少苦头，受到诸多不公正的待遇。但正因此，刘少奇百折不挠，为了党的事业和人民的利益敢于牺牲个人的高尚情操就显得犹为可贵可敬！

大革命后期，刘少奇领导成立了武汉工人纠察队，并为纠察队员学习班讲课。这支由党掌握的武装虽然在武器装备、训练和组织等方面不能同正规军队相比，但到1927年5月武汉工人纠察队已有队员5000人，枪支3000条。"四一二"政变后，湖北省总工会接到中共中央要求解散纠察队的命令。刘少奇为了保留革命力量，在执行中央命令时，把一些破旧枪支和童子团的木棍集中起来，捆扎得整整齐齐公开上交武汉国民政府，而把大部分好枪留下，并布置纠察队员分散和隐蔽下来。他们还安排纠察队员中已经公开的共产党员和其他进步分子，陆续带着枪支投入贺龙、叶挺的部队。[①] 在当时右倾错误在党内占主流的情况下，刘少奇敢于抓枪杆子，而且非常灵活地对付了国民党右派，可见其高超的斗争策略。

[①] 金冲及主编：《刘少奇传》上卷，中央文献出版社2008年版，第96页。

人格的力量

1935年12月29日，中央政治局会议决定任命刘少奇为中央驻北方代表，到华北指导北方局工作。张闻天在政治局常委会上就派刘少奇到北方局工作，指出："北方局目前有三个人在那里工作。工作情形怎样不清楚，只听说反帝工作有开展。不论工作怎样，它管理的范围很大，与满洲、太原、热河、察哈尔都有关系。为加强对北方局的领导，需派得力的同志前往。少奇可以去。""去了之后要大胆地运用党的策略，同时还要巩固党的秘密组织，使秘密工作与公开工作联系起来。如城市不能站脚，可到乡村或游击队中去。中央代表机关的设立更需要社会化，要找出各种社会关系加以利用。"[1]

1936年2、3月间，刘少奇到达天津，开始以中共中央代表的身份，领导中共中央北方局的工作。由于王明"左"倾错误使党在白区的组织丧失了90%以上，刘少奇创造性地开展工作，在他的领导下，打开了华北抗战的局面。一是解决了北方局长期存在的"左"倾教条主义问题，二是解决了草岚子监狱里共产党员出狱的问题，一定范围内缓解了抗战初期我党干部缺乏的困难。而正是这一点，体现了刘少奇敢于担当、灵活运用政策和策略的政治智慧和胆略。

刚到华北，刘少奇就深感干部的不足。"一切工作，一切转变，都依靠我们的干部，因此，干部问题是党内的中心问题。"[2] 而在"北平军人反省分院"还关押着60多名共产党干部，他们在监狱中一直坚持斗

---

[1]《张闻天文集》第2卷，中共党史出版社1993年版，第63—64页。
[2]《刘少奇选集》上卷，人民出版社1981年版，第69页。

争，其中有薄一波、刘澜涛、安子文、杨献珍等。这批幸存下来的干部，是党的一笔宝贵财富。刘少奇马上想到，如果能将他们营救出来，就可以大大加强华北地区的干部力量。而如果华北被日军占领，他们落入日寇之手，将很难生还。时任北方局组织部部长的柯庆施也对刘少奇说："关押在北平草岚子监狱中的一批同志，他们的刑期多数已满，但不履行一个手续就不能出狱。"考虑到抗战缺少干部，柯庆施向刘少奇建议，让狱中的干部履行监狱规定的手续，及早出狱。这样，一方面，可以缓解北方局干部奇缺的困难，另一方面也可以在日寇占领北平后避免不必要的牺牲。刘少奇进行了冷静思考，因为他明白所谓"履行出狱手续"意味着什么。后来"文化大革命"中，"四人帮"就把这个当做刘少奇的一大罪状。但是，出于党的立场和革命事业的需要，必须在遵守党的纪律的同时，拿出对党和革命负责的担当精神来，采取灵活的策略救出这些干部。因此，他马上请示中共中央。当时的中央负责人张闻天接到刘少奇的报告后亦十分重视，同在陕北的其他中央领导同志商量后，很快批准了这个要求。这些同志出狱后，被分配到山西、河北、北平、天津等地，重新投身到革命的洪流中去，大大加强了北方党的力量。

中华人民共和国成立后，从草岚子监狱出来的这批共产党员，大都担负着中央部委和省、直辖市、自治区副省（部）级以上的领导职务。其中，薄一波任中共中央政治局候补委员、国务院副总理，领导国家经济委员会工作；刘澜涛任中共中央西北局第一书记；安子文任中共中央

人格的力量

组织部副部长等。[1]有些同志在改革开放后还担任重要领导职务，发挥着重要作用。

在北方局工作期间，刘少奇还灵活运用党的政策和策略，推动同国民党地方当局建立抗日民族统一战线，解决了与阎锡山的联合抗战问题，从而形成了有利于我党的大好局面。1936年8月底，薄一波由草岚子监狱出狱后，得到阎锡山邀请，要他回山西"共策保晋大业"。刘少奇向薄一波指示："阎锡山找你去，是个好机会；找上门来，不去，就失掉了这个好机会。"[2]

1937年7月28日，刘少奇、杨尚昆抵达太原。在与阎锡山的亲信梁化之见面谈话时，刘少奇说："我们是北方局，是来抗日的，不是来挖墙脚的。"[3]"发展统一战线，是为了抗日救亡，为了中华民族，不是为私利，不应有谁挖谁的墙脚问题。我们之间是可以长期合作的。在统一战线中，阎先生是会发展的，共产党当然也要发展，限制我们的发展那是不行的。"对此，薄一波回忆道："少奇同志明确、有力的谈话，缓和了阎锡山的疑虑，也大大方便了我们的工作。"[4]

在刘少奇指导下，对山西的统一战线工作是相当成功的。正如他自己所总结的："我们没有白白的帮助阎锡山，我们在帮助阎锡山抗战的过程中，使山西的抗战坚持了，使山西的革命前进了，也使我们前进

---

[1] 张文和等著：《走进刘少奇》，中央文献出版社1998年版，第142—143页。
[2] 金冲及主编：《刘少奇传》上卷，中央文献出版社2008年版，第217页。
[3] 金冲及主编：《刘少奇传》上卷，中央文献出版社2008年版，第253页。
[4] 《缅怀刘少奇》编辑组编：《缅怀刘少奇》，中央文献出版社1988年版，第88—89页。

了。因此，这个经验是值得注意的。"①

全民族抗战初期，八路军三个主力师分别过了黄河，并在晋东北（一一五师）、晋西北（一二〇师）、晋东南（一二九师）分别扎下了根，建立了稳固的敌后根据地，为之后挺进华北提供了可靠的后方。据老同志回忆：以上这三大根据地的最初"地盘"不是八路军打下来的，而是我们合法地从阎锡山手里拿过来的，或者说是阎锡山"拱手相送"的。这样，八路军3个师到了山西，在华北实施战略展开有了前进的基地，动员起来的山西民众也纷纷参加了八路军。1937年9月一二〇师刚到山西时有8200余人，到1938年初已扩大到2.5万余人。当时有的部队中流传着这样一句话：八路军中十个人，有一个老红军，一个西北人，八个山西人。②到刘少奇离开延安去华中前夕，华北八路军已发展到15.6万人，山西新军发展到7万多人。同时，华北地区纷纷建立起抗日民主政权，仅山西全省7个专员公署就有4个共产党员任专员，全省105个县有62个共产党员任县长。③

华北地区的抗战局面很快有了大的转变。1936年8月9日，张闻天在收到刘少奇汇报北方局工作的长信后，很高兴地将来信给其他中央领导传阅，并给刘少奇回信："北方工作，我们认为自你去后，已经有了基本的转变。大家都很高兴，望继续努力，并经常把新的问题与新的经

---

① 金冲及主编：《刘少奇传》上卷，中央文献出版社2008年版，第306页。
② 《瞭望》2007年第4期。
③ 王双梅等主编：《刘少奇与中共党史重大事件》，中央文献出版社2001年版，第66—67页。

验告诉我们。"①

1949年中华人民共和国成立前夕，刘少奇在与天津资本家的座谈中了解到：工人认为共产党来了，什么问题都可以解决。"有饭吃，有房子住，这就叫共产。在乡村分地，在城市还不是一样要分吗？"因此，普遍要求增加工资，有的工厂男工工资由60斤小米增加到360斤；学徒工工资由21斤增加到210斤。②为了解决进城后的工作面临的问题，党中央派刘少奇去吃这个"螃蟹"，摸索总结经验。

针对以上情况，1949年4月24日，刘少奇在天津市干部会上讲话指出："关于剥削问题，这不是几个资本家可以负责的。剥削行为不是由意识决定的，而是历史发展的必然，是整个社会制度问题。中国工人阶级还要忍受一个时期的剥削痛苦。""有人说'有人来剥削比没人剥削好'，'没人来剥削，我们就失业了，失业还不如有业'。今天工人痛苦，不是资本主义发展才受痛苦，而是资本主义不发展才受痛苦。在目前中国条件下，私人资本主义的剥削有若干发展是进步的。"5月2日，刘少奇借用天津市领导人在汇报中提到的"有人来剥削比没人剥削好"的说法，向出席座谈会的工商业家解释说："今天在我国资本主义的剥削不但没有罪恶，而且有功劳。封建剥削除去以后，资本主义的剥削是有进步性的。今天不是工厂开得太多，剥削的工人太多，而是太少了。你们有本事多开工厂多剥削一些工人，对国家人民都有利。"③

---

① 《张闻天选集》第2卷，中共党史出版社1993年版，第132页。
② 金冲及主编：《刘少奇传》上卷，中央文献出版社2008年版，第577页。
③ 金冲及主编：《刘少奇传》上卷，中央文献出版社2008年版，第579页。

有一次座谈会，一位资本家问道："我现在开工厂，有剥削，是有罪的。我还准备多开几家，那不是罪更大了吗？要判刑，要杀头的。"刘少奇回答："你开的厂是有剥削，你用剥削来的资本再开几家厂，将来，交给国家的不是一家，而是两三家、八家工厂，这样的剥削是有功的。"这一段话后来被概括为"剥削有功论"，受到极大歪曲和非议。①

刘少奇的讲话观点鲜明，虽然个别用语可能不适当，但总的来说，正确地阐述了党对民族资产阶级的政策，有力地纠正了当时城市工作中出现的"左"的偏向，起到很好的作用，为以后解放接管城市积累了经验。正如薄一波指出的："他的本意，是要稳住民族资产阶级，保护和发展民族工商业，迅速恢复和发展生产，建立新民主主义经济秩序。这在当时是正确的。"②1949 年 6 月 20 日，天津市长黄敬在一个会上传达刘少奇对天津工作的指示后，兴奋地说："少奇同志来天津对我们帮助很大，过去很多模糊的认识和错的不觉悟的看法，这次都弄清楚了，把要紧的地方给尖锐地指出来了。"③后来邓小平在党的七届四中全会上，针对高岗对刘少奇天津讲话的攻击，公道地指出："据我所听到的，我认为刘少奇同志的那些讲话是根据党中央的精神来讲的。那些讲话对我们当时渡江南下解放全中国的时候不犯错误是起了很大很好的作用的。"④

---

① 王光美、刘源等著，郭家宽编：《你所不知道的刘少奇》，河南人民出版社 2000 年版，第 24 页。
② 薄一波著：《若干重大决策与事件的回顾》上卷，中央党校出版社 1991 年版，第 53—54 页。
③ 金冲及主编：《刘少奇传》上卷，中央文献出版社 2008 年版，第 584 页。
④《邓小平文选》第 1 卷，人民出版社 1994 年版，第 205—206 页。

实际上，刘少奇说这些尖锐的话，是要有政治勇气的。事实已经证明，刘少奇这样讲，这样做，于党于国于民都大有裨益！

五、深厚的人民情怀

今天党内不少人要靠教育才能理解群众路线真实的含义。而毛泽东和刘少奇那一代中国共产党人是从投身于革命之日起，就与人民群众保持着血肉联系。党群、干群关系在他们看来，就是党的生命，从而与人民之间形成了鱼水之情、血肉关系，对此，他们是感受最真切的，也在他们身上体现得最生动。

而刘少奇身上的人民情怀也体现了他的人格特点。作为党内著名的理论家，刘少奇对于党的群众路线，对于如何对待群众，有他自己独到的见解，形成了他的群众思想。正因为他能从理论高度上认识到这一问题的重要，因此在现实中，就表现得更加理性、更加自觉和坚定。

解放战争时期，刘少奇两次讲到安泰的故事，一次是对华北记者团的谈话，一次是在解放区妇女工作会议上的讲话。他说："我们共产党什么也不怕。美帝国主义怕不怕呢？我们不怕；蒋介石的飞机、大炮怕不怕呢？我们不怕。从来没有怕过。但是共产党怕一件事，就是怕脱离群众。《联共（布）党史简明教程》上写道：脱离群众，就会像希腊神话中的安泰一样，要在半空中被敌人勒死。"因此，刘少奇提醒党内同志："不要怕老百姓得了便宜，不然不能叫革命，不能叫布尔什维克。"①"蒋介石靠美国，我们是靠老百姓。但靠老百姓要有两个条件：第一个就是反对地主，平分土地；第二个就是民主，不准许站在人民头上屙屎屙尿。这两个条件我们可以做到，做不到就不像共产党的样子。"②正因为这样重视群众路线的政治意义，刘少奇在《论共产党员的修养》中，把"联系群众的修养"作为"各方面的修养"的重要内容之一。

刘少奇强调，为了增强"联系群众的修养"，党内就必须克服各种对待群众的错误倾向。其一是尾巴主义、自流主义。他们"不能在一切时期和一切情况下代表最广大人民群众的最大利益，不能及时提出正确的任务，政策及工作作风，不能坚持真理，不能在有错误时及时修正错误"。比如，大革命时期的陈独秀和抗战初期的王明的错误，就是尾巴主义的表现。其二是命令主义、冒险主义及关门主义。比如，"有些同志在自己的工作中不对人民群众负责，不相信群众是解放自己，而是站在人民群众之上，去代替群众斗争，恩赐群众解放，命令群众行动"。其三是官僚主义。官僚主义者"饱食终日，无所用心，只知发号施令，而自己则既不调查，又不研究，也不向群众学习，拒绝群众的批评，抹杀人民的权利，甚至要求人民为他们服务，为了自己的享受，而不惜牺牲群众的利益，劳民伤财，贪污腐化，在群众面前称王称霸"。其四是军阀主义。军阀主义者"把军队看成是超出人民之外，或是站在人民之

---

① 王光美、刘源等著，郭家宽编：《你所不知道的刘少奇》，河南人民出版社2000年版，前言第29页。
② 王光美、刘源等著，郭家宽编：《你所不知道的刘少奇》，河南人民出版社2000年版，第15页。

上的一种特殊势力，甚至把军队看成是可以造成少数个人势力、个人地位的工具"。为了克服以上错误思想与做法，刘少奇提出，共产党员的思想中应当树立如下的"群众观点"：其一，一切为了人民群众的观点，全心全意为人民服务的观点；其二，一切向人民群众负责的观点；其三，相信群众自己解放自己的观点；其四，向人民群众学习的观点。

刘少奇不仅以自己深厚的理论功底向全党同志阐述了群众路线的含义，而且时时刻刻身体力行着党的群众路线。

刘少奇注重调查研究，掌握政策对人民群众的影响。1961年4月1日刘少奇到长沙，开始为期44天的湖南农村调查，目的是了解"大跃进""人民公社"对农民群众生活的影响。为此，他不辞辛苦，走村串户，进行细致的调查。当时的刘少奇已经63岁，为了排除干扰，对下去调查制定了严格的纪律。去前，他曾对中南局和湖南省委负责人说过，这次去湖南乡下，采取过去老苏区办法，直接到老乡家，睡门板，铺禾草，既不扰民，又可以深入群众；人要少，一切轻装简从，想住就住，想走就走，一定要以普通劳动者的身份出现。调查的第一站是湖南宁乡县东湖塘公社王家湾生产队，从4月2日至8日，在这里正好住了6天。住的地方就是生产队养猪场的一间破旧空房，一张旧木架床上铺着稻草，还有两张油漆剥落的方桌和四条木长凳，这就是刘少奇的办公室兼卧室。窗户则用雨布遮住，晚上照明用的是蜡烛。就是在这样艰苦的环境中，刘少奇掌握了第一手资料，对农民群众生活上的困难有了直接的了解。因此，他对湖南省委第一书记张平化说："宁乡县问题这样严重，如果说天灾是主要的，恐怕说服不了人。没有调查研究，这个教训很大。饿了一年肚子，应该教育过来了吧！"[①] 4月8日，刘少奇离开王家湾，途中经过家乡炭子冲，但为了节约时间，尽快掌握情况，刘少奇只是在车上看了看自己的旧居，没有停留，就赶到长沙县广福公社天华大队继续搞调查研究。

天华大队曾经是湖南省农业合作社运动树起的一面"红旗"，实际上由于受"左"倾错误的影响，大队连年减产，平均主义和浮夸风情况比较严重。当地干部对于调查有抵触情绪，甚至统一口径，弄虚作假，企图隐瞒实情。刘少奇在这里住了18天，硬是打开了局面，听到了实话，了解了实情。4月15日，刘少奇去一个食堂召开部分社员座谈会，会议开始时，刘少奇说："我是向大家求教的。这次中央办了错事，希望大家帮助我，向我提供真实情况。"[②] 于是，群众解除了顾虑，谈了许多实际情况，反映了很多问题，其中突出的是食堂问题。多数社员主张解散食堂。针对群众的要求，刘少奇代表中央表态，他说："现在必须看到在食堂问题上，我们同农民群众有尖锐的矛盾，这是影响工农联盟的。人民共和国的巩固建立在工农联盟的基础上。只靠威信命令来维护，已经维持三年了，这对共产党来说是很危险的。群众很好，农民在等待共产党表示态度，好在没有丧失希望。如果还不表示态度，农民就要自己散了，那就被动了。"他还说："不是我们提倡散，而是群众要

---

① 刘少奇听取张平化汇报时的谈话记录，1961年4月3日。
② 金冲及主编：《刘少奇传》下卷，中央文献出版社1998年版，第864页。

求散，要允许群众有这种自愿。"由于过去是把公社食堂作为社会主义的象征来宣传的，因此一些农村干部社员都有顾虑，刘少奇则解释道："食堂是强制组织起来的，就不是社会主义的阵地，而是平均主义的阵地。"这些解释工作，使天华大队干部社员放下了思想负担，食堂陆续解散。这在当时，无疑是需要敢于担当的精神的。只有站在人民利益的立场上去想问题、办事情，才能无所畏惧。

通过调查，刘少奇发现了许多以前根本不了解的情况，有的问题甚至十分惊人。刘少奇对邓力群说，他到湖南农村后，农民对他说：这几年共产党睡觉了嘛！一直等着你们快点醒来，你们就是不醒。现在你们下乡来了，说明你们睡醒了。你们再不醒，我们就要拿起扁担上街了。[①]正是有了这些调查研究，及时发现问题，才有了党的政策的调整，人民群众艰难的生活才得以缓解。

刘少奇对人民群众的深厚感情，体现在革命和建设的各个时期。他在日常工作生活中时刻关心群众的疾苦，把群众利益放在首位。1942年春，刘少奇路过山东，住在房东家的一间屋子里，屋子右边有一个厕所，靠窗口有座石磨。房东经常半夜三更起来推磨，吵得刘少奇睡不好觉。警卫人员想建议房东改换推磨的时间，刘少奇不同意，他轻松幽默地对警卫员说："你们不让老百姓吃饭还行吗？"刘少奇就是这样，凡事都是先考虑群众的方便。

1960年4月的一个晚上，刘少奇乘轮船考察经过宜昌时突然刮起

---

① 邓力群著：《我为少奇同志说些话》，当代中国出版社1998年版，第116页。

龙卷风，一艘小船在江面上被风掀起，船上的两人落水。当时轮船上的人认为小船偏离航道非常危险，必须保证刘少奇的安全。刘少奇了解情况后，当机立断地说："就因为是国家主席坐的船，更应该首先抢救人民！"落水群众终于被救了上来。①

密切联系群众不是说说而已，要敢于接触群众，与群众交心，才能赢得群众真心的拥护与爱戴。中华人民共和国成立后，刘少奇一直同家乡的农民保持通信联系，通过他们了解农村的真实情况。1953年国庆节，刘少奇邀请成敬常、黄端生等家乡农民来到北京，炭子冲党支部书记邓子卿和村农会主席王升平托他们带来了信，刘少奇读后十分高兴。王升平经常给刘少奇写信，成了刘少奇的"农民通讯员"。但是，有几年刘少奇却很少收到来信，他感到很奇怪，经过调查，发现原来是地方政府扣下了信件。刘少奇非常愤怒，在同家乡政府谈话时，他说："我是这里生长大的，我想同这里一些人通通信，经常了解一些下面的实际情况，你们给我一点通讯自由好不好？你们不要反对给我通信好不好？给我写信，给毛主席写信，给省委写信，你们不要扣好不好？"②

刘少奇虽然在工作中给人的印象是不苟言笑、非常严肃，但是当他面对群众的时候，总是那么和蔼可亲、平易近人，像个慈祥的长者。1957年春，刘少奇到湖南株洲视察，在看了企业工人的宿舍，与工人座谈结束准备乘车离开时，忽然有一个老工人趁人群拥挤跑上前去，把一

---

① 王光美、刘源等著，郭家宽编：《你所不知道的刘少奇》，河南人民出版社2000年版，第38—39页。
② 李强关于刘少奇的两次谈话给谢富治的信，1961年5月8日。

人格的力量

张纸条递进车里。原来这个老工人曾在安源工作过，要求刘少奇接见。刘少奇知道后，同意接见他。在列车上，刘少奇与老工人亲切交谈，回忆了当年安源路矿工人罢工的一些情况，鼓励他要发扬大革命时期工人阶级的好思想好作风，在厂党委领导下好好工作。事后，刘少奇特意对陪同视察的株洲湘江机器厂厂长郭固邦说，共产党是不怕群众的，要敢于接近群众，敢于向群众讲话，你们做领导工作的，要做到两个实事求是：一是实事求是向上级汇报，二是实事求是处理下面的问题，不然的话，党的事业就会受到损失。①

贯彻落实群众路线，还要学会怎样与群众打交道，不是只讲大道理。刘少奇就很善于做群众工作。据于光远回忆，1947年在平山县，刘少奇当时是中共中央工委书记，有一次跟于光远谈怎样做群众工作时说，十月革命时，赤卫军打进了冬宫。冬宫的墙上挂的都是皇帝、皇后的油画，赤卫军一看，就说这是阶级敌人，想烧掉。那个时候列宁在场，列宁该怎么办？……列宁说该烧，这些都是吃我们肉喝我们血的。不这么说，说不许烧，赤卫军肯定是不让烧也会烧。做群众工作，就应该跟群众有共同的语言。然后列宁提问题，是不是现在烧？明天烧行不行？后天烧行不行？现在我们是统治阶级了，这个问题就没有迫切性了。列宁说，这个画画得不错，这个画家是很有名的。这样就扭转过来了，就没有烧。这些画现在还在。你越跟群众作对，不许烧，他偏会烧，你要跟群众取得共同的语言，站在一块，工作就会做好。他就是这

---

① 郭思敏、天羽编：《我眼中的刘少奇》，河北人民出版社1992年版，第279页。

样教我们做群众工作的方式方法。①

六、公仆品质

刘少奇作为党中央的领导人和中华人民共和国的主席，始终以公仆品质严格要求自己，对亲戚和家属子女也严格约束和教育。

刘少奇的公仆品质表现在诸多方面，勤勉工作，但又虚怀若谷、谦虚谨慎的修养，是其一。中华人民共和国成立后，刘少奇辅佐毛泽东在一线主持中央的日常工作，为党为国为民日理万机。这里简单记录一下刘少奇的工作路线：1952 年出访苏联，1957 年视察河北、河南、湖北、湖南、广东等地，1958 年视察河北、山西、陕西、四川、天津、山东、安徽、上海、浙江等地，1960 年视察宜昌、出访苏联，1961 年在湖南宁乡、长沙两县农村和东北林区调研，1963 年访问印度尼西亚、缅甸、柬埔寨、越南和朝鲜，1964 年视察河北、山东、安徽、江苏、上海、河南、湖北、湖南、广东、广西、云南等地……有人分析指出，在 1949 年到 1966 年担负中央主要领导工作的领导人中，刘少奇在外事活动方面仅次于分管外事工作的周恩来，在视察祖国各地和从事调查研究方面仅次于毛泽东②。

尽管工作成绩巨大，但是刘少奇在功劳面前非常谦虚。刘少奇于

---

① 中央文献研究室第二编研部编：《话说刘少奇——知情者访谈录》，中央文献出版社 2000 年版，第 233—234 页。
② 柏福临等总主编：《一代公仆：刘少奇》下卷，吉林人民出版社 1998 年版，第 42—43 页。

人格的力量

1954年9月27日当选委员长后，一位身边的工作人员称呼他为"委员长"，他立即提出，以后不要这样称呼。为了使身边的工作人员都记住这一点，他特意把他们召集到一起，解释说："在我们党内，只有三个人：一个毛主席，一个是周总理，一个是朱总司令，大家称他们主席、总理、总司令，已经习惯了，其他人，应该一律称同志。"刘少奇就是这样严格要求自己，因此，在党内确实很少听到有人称呼刘主席，最熟悉的称呼就是"少奇同志"。这是对一个品德高尚的优秀共产党员的称呼，这个称呼贯穿刘少奇革命生涯的始终。我们来看看刘少奇一生中担任的职务：中共中央北方局书记、中央书记处书记、全国人民代表大会常委会委员长、中共中央副主席、中华人民共和国主席。这些职务很多人未必记得，但"少奇同志"人们永远缅怀！

中华人民共和国成立后，面临党内可能滋生的骄傲自满、以功臣自居的情绪，刘少奇时刻保持清醒的头脑，教育党内同志务必戒骄戒躁。他坚决反对把自己的旧居建成纪念馆。1961年5月3日回到家乡，在与当地干部谈话时，刘少奇特别强调："这里搞我的旧居纪念馆，曾写信问过我，我几次写信说不要搞，结果还是搞了。这个房子应退出来，纪念馆不办了，省委、县委都同意了。这个房子谁来住？由工作队主持，同大队商量好，分几户社员到这里来住，我家的亲属不要来住。桌子、凳子、仓库、锅子、灶等，都作为退赔，退给社员。这些楼板，拿去替没有门的人家做门。社员在这里至少可以住上十年、二十年，等有了比这个更好的房子，愿意搬再搬。"

刘少奇的公仆品质还表现在他光明磊落、胸怀坦荡、公道正派的为人处世上。对党和革命事业有利的观点，刘少奇从不隐瞒，表现了一个共产党人"心底无私天地宽"的坦荡胸怀，因为他"除开关心党和革命的利益以外，没有个人的得失和忧愁"。对待同志，刘少奇工作上非常严厉，生活上则十分关心，更难能可贵的是，他为人从来都是坦坦荡荡。1981年，刘源去拜见李先念，李先念回忆："少奇同志为人严肃，批评人很厉害，有时声色俱厉，很吓人！我们有时都有些怕他，躲他，不太好接近。但少奇同志也是民主的，允许人家不同意他的观点，允许辩论。因此，工作上遇到问题，都愿意参加他主持的会议。特别是谁出了事情，犯了错误，又愿意首先去找他。他从不整人，从没有不求实地处理过哪位同志。"[①]

对于自己在中央一线工作期间造成的困难，刘少奇主动承担责任，多次向党内同志和群众承认错误。1961年5月3日，刘少奇回到阔别36年的家乡，他谢绝县里为他在花明楼公社安排的住所，住进了炭子冲旧居小时候住过的房子。他和家乡群众促膝长谈，了解生产生活方面的情况。看到群众生活贫困，他诚恳地对父老乡亲们说："这几年，听说工作搞得很不好，社员吃不饱饭，病了很多人，死了一些人，田地也荒了不少。我是回来看看，回来得晚了，对不起社员。"5月7日下午，刘少奇邀请炭子冲部分农民和基层干部到旧居座谈，他又向大家承认工作

[①] 王光美、刘源等著，郭家宽编：《你所不知道的刘少奇》，河南人民出版社2000年版，第75页。

的不足，主动承担责任，他说："我将近四十年没有回家乡了，很想回来看看。回来了，看到乡亲们的生活很苦。我们工作做得不好，对不起你们。""这次回来，看到这里工作搞成这个样子，中央有责任，要向你们承认错误。"①

刘少奇的公仆品质还表现在他严格要求自己、不徇私情、大公无私方面。

1957年，刘少奇带领一个班子到南方几省搞调研。临行前，他把工作人员召集起来开会，交代大家："这次去的地方比较多，时间比较长，为了少给地方上添麻烦，我们吃、住、开会都准备在火车上解决。个人自带生活用品，到地方上不要给人家提这样那样的生活要求。我们是去工作的，不是去给人家找麻烦的。"他还特别对秘书说："你要同铁道部说好，我们的车在铁路上运行时，不能影响其他客车、货车的正常运输，停车时要停在不用的道岔子上。"这些考虑，都是为了不给有关部门和地方增添麻烦，体现了刘少奇"人民公仆"的品质。

为了避免自己的家乡有"特殊化"思想，1961年5月，在与家乡干部群众座谈时，刘少奇坦诚地对大家说："这里是我的家乡，省、县、社对这里可能有照顾。照顾多了不好，不照顾也可以搞好嘛，要靠自己努力。大家努力事情就可以搞好，千万不要用我家乡的名义去要求别人照顾。这里还有我的亲属，也不要因为我的关系特别照顾他们。"②

---

① 金冲及主编：《刘少奇传》下卷，中央文献出版社1998年版，第872、874页。
② 《同炭子冲农民的谈话》(1961年5月7日)，《刘少奇选集》下卷，人民出版社1985年版，第334页。

刘少奇对亲属也是严格要求。刘少奇的七姐以前嫁到地主家里，新中国成立后土改，她家的成分不好，要自食其力，不免心生怨恨。她说："我在塘边，一边打水一边想，我弟弟在北京做大官，可是我在这里打水……"为了教育从小疼爱自己的姐姐，刘少奇于1950年5月2日写信道："七姐，我当了中央人民政府的副主席，你们在乡下种田吃饭，那是我的光荣。如果我当了副主席，你们还在乡下收租吃饭，或者不劳而获，那才是我的耻辱……"1959年国庆节的晚上，刘少奇召开了一个别开生面的家庭会议。他对出席会议的亲戚们说："你们想请我这个国家主席帮忙，以改变自己目前的状况，甚至改变自己的前途。说实话，我要是硬着头皮给你们办这些事，也不是办不成。可是不行呀！我是国家主席不假，但我首先是个共产党员。……不要以为你是国家主席的亲戚就可以特殊。靠沾我的光，提高不了你的觉悟。……正因为你是国家主席的亲戚，更应该严格要求自己，更应该艰苦朴素，谦虚谨慎，……不要打着我的旗号到处吹牛。我希望大家监督我，不要帮助我犯错误……"[1]一席话，说得大家心服口服。

为了使孩子们从小没有娇生惯养的特殊化思想，刘少奇十分重视对他们的教育，时常嘱咐家里的保育员阿姨带孩子们出去时，不要说出孩子们的父母是谁。刘少奇还特别注意杜绝孩子们的特殊化心理。有一次保育员阿姨背着刘少奇向车库要了车送小孩去学校。刘少奇知道后，非

---

[1] 柏福临等总主编：《一代公仆：刘少奇》下卷，吉林人民出版社1998年版，第144、137页。

人格的力量

常严肃地说："家属不能坐专车是政治局讨论决定的，我这里怎么能不遵守呢？再说小孩子坐专车对他们的影响也不好，会滋长他们的特殊化思想。"平平上幼儿园时，为了不让别人知道她是刘少奇的孩子，报到填表时，就没有写父亲的真名。对此，刘少奇让王光美向保育员阿姨解释说，人们若是知道了真情，对孩子免不了要特殊照顾，那样对孩子的教育和成长没有好处，不能让他们从小就有优越感，养成脱离群众的恶习。还有一次，平平由阿姨宋秀稳带上街，在王府井一家商店看上了一件衣服，阿姨就给买下了。回到家里，刘少奇看见女儿穿着一件漂亮的衣服，就问阿姨："多少钱买的？"阿姨回答说："40元。"刘少奇听到这个价钱，马上严肃地问保育员阿姨："你小时候穿过这么好的衣服吗？"阿姨如实说："我小时候家里穷得饭都没得吃，哪能穿这么好看的衣服呀！"这时，刘少奇认真地对阿姨说："对呀，你也不要以为平平是我的孩子就该穿这么好的衣服。最好把这件衣服退掉，另买一件大众化的外衣。今后要注意培养孩子朴素的生活作风，不要娇惯他们。"三年困难时期，刘少奇让保育员阿姨送孩子们去住校。阿姨知道当时粮食紧张，学校的伙食都比较差，细粮少，粗粮多，对于长身体的孩子确实不好，因此阿姨给刘少奇建议说："本来孩子们的身体就不好，再时常吃不饱怎么行啊！还是把他们接回家住吧。"这个建议当然没有被采纳。后来刘少奇解释说："人民吃不饱，我们是有责任的，咱们的孩子也应该和全国人民同甘共苦。让他们尝尝吃不饱的滋味也有好处，等到他们为人民办事的时候，将会更好地总结经验教训，关心人民的生活。"

对于最小的女儿潇潇，刘少奇十分疼爱，但潇潇三岁的时候，就被送进幼儿园了，家里的保育员阿姨都不舍得。刘少奇对此解释道："家里这么多哥哥、姐姐、叔叔、阿姨，大家都喜欢她，疼爱她。可是，这样容易从小把她宠坏，以后不容易和别的小朋友相处。送到幼儿园，她就必须和小朋友在一起生活、锻炼，将来就可以和群众打成一片。"[①]

为了锻炼小孩子独立生活的能力，刘少奇有时候甚至做得很"残忍"。1965年夏天，王光美在河北新城县高镇搞"四清"。有一天，刘少奇写了一封信，交代秘书让女儿刘平平送去。当时，平平才15岁，又是一个女孩子，但刘少奇居然跟秘书说："你们不要给她买车票，不要送她上车站，更不要用小车送她，也不要通知光美同志或县委去车站接她，让她自己买票，自己上车。"秘书本来想劝一劝，毕竟小孩没有出过远门，万一出个事情怎么办？但是不容秘书说出来，刘少奇接着说："小孩子不能什么事总靠大人，要让她自己闯闯，才能得到锻炼。总靠大人帮助，她倒是舒服省心，可是得不到锻炼，将来还是不会做事情。"为了锻炼刘源吃苦的作风，在他还在上小学，没有达到入伍年龄时，刘少奇就叫他利用暑假当兵站岗，学习解放军吃苦耐劳、遵守纪律的优良作风。由于刘少奇的严格教育，孩子们不仅生活上能够自理自立，而且养成了良好的思想道德修养。即使在"文化大革命"那样的特殊时期，孩子们也靠着顽强的毅力和品质成长起来。

[①] 郭思敏、天羽编：《我眼中的刘少奇》，河北人民出版社1992年版，第251—255页。

第四章
朱德的人格风范

朱德是伟大的马克思主义者，无产阶级革命家、政治家、军事家，是中国共产党、中国人民解放军和中华人民共和国的主要缔造者和领导人之一。他为中国人民的解放和社会主义建设事业立下了不朽功勋，深受全党、全军和全国各族人民的爱戴和崇敬。朱德身上集中体现了共产党人的坚强党性和高尚人格，折射出了中华民族的传统美德。他在为党和人民的毕生奋斗中表现出来的自强不息的生命旋律、廉洁奉公的公仆意识、真善美统一的人生境界、高尚纯洁的道德情操、风格独具的人格力量、艰苦朴素的勤勉作风等，都是极为宝贵的精神财富，值得我们永远学习和发扬。

第四章 朱德的人格风范

一、自强不息的生命旋律

2010年9月1日，习近平在中共中央党校秋季学期开学典礼的讲话中指出："一个国家、一个民族、一个政党，任何时候任何情况下都必须树立和坚持明确的理想信念。如果没有或丧失理想信念，就会迷失奋斗目标和前进方向，就会像一盘散沙而形不成凝聚力，就会失去精神支柱而自我瓦解。"在坚定正确的理想信念引领下，朱德一生都在自强不息地奋斗着。

朱德在少年时期，就曾亲眼目睹劳动人民所受的压迫和剥削，进而立下了救国救民的远大志向。在青年时代，朱德进一步认识到，外国帝国主义的野蛮侵略和中国封建王朝的腐朽统治已把国家和民族推向濒临灭亡的边缘，整个中华民族正处于深重的苦难之中。为了拯救祖国，朱德和当时许多先进分子一样，一次又一次地寻找着救国救民的道路。早在云南陆军讲武堂求学的时候，他就加入了孙中山领导的同盟会。在爱国将领蔡锷的军队里，他从班长、排长升任为团长、旅长。但是，资产阶级领导的旧民主主义革命不能使中国摆脱半殖民地半封建的地位，中国人民仍然处于水深火热之中。中国的真正出路在哪里？朱德在苦闷中继续探索。十月革命一声炮响，给中国送来了马克思主义。五四运动揭开了中国近代史新的一页，成为中国新民主主义革命的开端。1921年中

人格的力量

国共产党的诞生，使朱德一下子从黑暗中看到了光明。他毅然放弃滇军旅长的职位，从云南奔赴北京和上海寻找共产党。要知道，旅长在当时可不是一个小官，收入丰厚，属社会上层。可是，一旦确定了对真理的追求，朱德对荣华富贵便弃之如敝屣，毫不足惜。

然而，朱德走上革命的道路并不是一帆风顺的，而是经历了曲折、艰辛的坎坷历程。1922年7月，朱德到北京与阔别一年多的孙炳文会合，开始寻找共产党。他们在北京没有找到共产党。为了更多地了解祖国北方，他们到张家口、归绥、大同等地参观，还到宣化县鸡鸣山煤矿了解工人的生产、生活情况。这时，孙中山正筹划夺回广东，重建共和政府，并把希望寄托于滇军，他要求朱德组织驻桂滇军攻打广东军阀陈炯明，并答应先付军饷十万元。朱德决心出国学习，便婉言谢绝。后来，朱德拜访了中国共产党中央执行委员会委员长陈独秀，向他提出了加入中国共产党的请求。陈独秀认为朱德这样当过高级旧军官的人，需要经过长时间的学习才能入党，便拒绝了他的申请。

9月初，朱德和孙炳文乘法国邮船离开上海，10月抵达法国。当月中旬，他在巴黎了解到中共旅欧支部负责人周恩来正在柏林，遂即赶赴柏林。朱德抵达柏林后，拜访了周恩来，恳切地陈述了自己的身世和寻找中国共产党的经过，坚决要求加入中国共产党。周恩来同意了他的申请。11月，由中共旅欧支部负责人张申府、周恩来介绍，朱德加入了中国共产党。

朱德是一个意志坚强的人，看准了的事就一定要干到底，选定的道

第四章 朱德的人格风范

路就一定要走下去。他当时已36岁，从此却获得了新的政治生命，走上了为共产主义奋斗的道路。朱德早年的这段经历启示我们：一个人只有把自己的命运同共产主义事业联系在一起，这样的人生才是有意义的。只有树立共产主义的远大理想并为之付出不折不挠的努力，才能真正成为一个共产主义战士。青年朱德的这一人生选择对于他个人的成长，对于中国革命的进程，都具有重大的历史意义。

晚年朱德虽然年事已高，但他仍为我国军队的现代化、正规化建设，为祖国的社会主义建设，为中国共产党的党风建设，为国际友好活动而辛勤操劳。朱德参与领导了海军、空军、装甲兵等兵种的组建工作，关心后勤工作和军事工业的发展，注重军事院校的建设和部队的训练工作。88岁高龄时，他还乘军舰检阅海军。

为追寻和实践共产主义理想，朱德的一生成了学习的一生。他为革命而学，为民族独立而学，为国家昌盛而学。朱德勤奋好学的精神，一直为人们所传颂。朱德到德国留学时，已经36岁了，他为了能够更好地阅读马克思恩格斯的原著，以顽强的毅力学习了德文，并到哥廷根大学旁听政治经济学和哲学。凭着这种刻苦努力的精神，他不久就可以看德文版的《共产党宣言》等原著了。此后，朱德还认真学习了恩格斯的《社会主义从空想到科学的发展》，列宁的《共产主义运动中的"左"派幼稚病》《帝国主义是资本主义的最高阶段》，梅林的《唯物史观》等著作，用马列主义武装了思想，从而立下了为共产主义奋斗终生的远大抱负。

人格的力量

在硝烟弥漫的战争年代，朱德总是随身带着许多马列书籍和报纸杂志。无论战斗多么频繁，工作多么忙碌，环境多么艰苦，他都要挤出时间学习。朱德对时间抓得很紧，经常是白天行军、指挥作战，晚上在老乡的炕头上点起油灯学习到深夜。马列主义的一些重要经典著作，如《共产党宣言》《反杜林论》等，朱德不知读了多少遍。朱德非常爱惜书，有的书皮破了，就用红布包起来。今天，在博物馆里陈列的许多朱德读过的书，都成为教育后代的宝贵教材。

中华人民共和国成立后，朱德身担重任，日理万机，但学习却从不放松。他通读了党中央规定的高级干部必读的32本马列著作，其中大部分都读了两遍，并且写下了许多读书笔记。为了更好地领导我国的社会主义经济建设，他同身边的工作人员一起联系我国的实际，认真学习政治经济学。1975年前后，朱德已是90岁高龄的老人，且有病在身，但学习热情依然不减当年。他每天除了工作外，大部分的时间都用在学习上，学习成了他的第一需要。1976年5月19日，他收到成仿吾送来的《共产党宣言》新译本后，便认真地对照旧译本，重新读了一遍。书一读完，朱德就亲自去中央党校看望成仿吾。朱德称赞成仿吾做了一件很有意义的工作："新译本通俗易懂，可以一口气读下来。有了好的译本，才便于弄懂马克思主义。"

朱德以自己的体会鼓励同志们"做到老，学到老"。他说："前后方很多同志都说我是一个模范学生。老实讲，咱算不上。因为我小时候读过一些'诗云'、'子曰'等，要重新学起，一面学新的，一面还要丢旧的。我只知道一句俗话：'做到老，学到老，还有三分学不了。'我们要向前进，不然就要掉队。我过去没有读过辩证法，只晓得眼睛要向前看，不要向后看，原来这就是合乎辩证法的规律的。同志们要时时刻刻前进，要努力学习，少学一点便少懂一点，少懂一点做事情便怕要有漏洞。为了把工作做得更好，便只有向前进步，只有努力学习马克思主义。"

朱德具有科学的生死观念，他爱惜时间，珍惜生命，决心为人民奋斗终生。1975年，在第四届全国人民代表大会上，朱德第三次当选为全国人大常委会委员长。为了完成党和人民赋予的光荣而艰巨的使命，朱德多次书写"革命到底"的条幅以自勉。晚年的朱德更加珍惜时间，他每天睡眠时间很短，到了吃饭的时候，总得有人再三催促，他才能走出办公室。他总是说："我能做的事情就应该去做，这样可以为毛主席分担一些工作，年轻的同志也可以腾出手来做我做不了的事情。"有一次，女儿朱敏劝他："你是近90高龄的人了，这样会吃不消的。"他认真地说："人活着是为什么？活着就是要工作，要革命！"有时孙子们也劝说："您要注意保重身体啊！"他总是说："有多少工作需要去做啊！时间很宝贵。共产党员要全心全意为无产阶级服务，生死不顾，直到生命的最后一天。"

"文化大革命"期间，在周恩来病情日益严重时，朱德主动承担起了会见来访的外国领导人以及友好代表团的重任。周恩来去世后，朱德更觉身上责任重大，他不仅增加了自己的工作量，还常常公开表态说："总理去世了，我们国家在国际上的威望只能上不能下。""我们的生产只能上不能下，一定要把生产搞上去。"仅在临去世前的半年中，朱德的外事活动就多达数十次。他最后一次外事活动是1976年6月21日在人民大会堂会见澳大利亚总理马尔科姆·弗雷泽。由于事前没有接到推迟会见时间的通知，他在冷气房里等了一个多小时。虽然已经感到身体不适，但这位年迈的老人依旧用毅力强撑着，顺利完成了会见任务。在会见中，他的嘴角一直挂着亲切得体的微笑。回到家后，他患上了感冒，辗转几日，病情越发严重，后于26日凌晨被送进了北京医院。此时，朱德仍念念不忘会见外宾的工作安排，并向医生提出了请假的要求。医生和家人纷纷阻止，但朱德还是坚持要去，直到秘书告诉他外事部门有了安排之后才放下心来。在朱德看来，革命者的宝贵时间和生命不仅属于个人，还属于人民，属于事业。只有珍惜时间，珍惜生命，才能在有生之年为革命事业多做贡献。

朱德一生兢兢业业地为党和人民而工作，把一切都献给了国家、人民和社会主义事业，谱写了一曲高亢奋进、自强不息的生命旋律。

二、廉洁奉公的公仆意识

廉洁奉公是《中国共产党章程》规定的党员必须履行的一项义务："坚持党和人民的利益高于一切，个人利益服从党和人民的利益，吃苦在前，享受在后，克己奉公，多做贡献。"它体现着中国共产党的宗旨、本色和风格。在这方面，朱德时时事事以身作则，起到了率先垂范的作用。

朱德的廉洁奉公意识，首先来源于他能够正确地对待名利。朱德提倡新英雄主义，反对旧英雄主义。他说："新的英雄和英雄事业，是产生于广大群众的共同行动、共同斗争中，为群众所赏识，为群众所称颂，而不是自封的，高高站在群众头上的；新的英雄们也知道自己是群众中的一员，是群众力量中的一点滴，不轻视较自己稍为落后的人，不嫉妒较自己更为前进的人，互相学习，互相帮助，真正做到'大家为一人，一人为大家'的集体主义精神，这就是新英雄主义和个人英雄主义的严格区别。旧式的个人英雄主义，是把个人的名利放在第一位，而不去首先分辨革命与反革命的严格界限，是一人至上，个人突出，轻视与脱离群众，甚至愚弄与奴役群众，其结局必然为群众所唾弃，为历史所嘲笑。"在朱德看来，"革命的英雄主义，是视革命的利益高于一切，对革命事业有高度的责任心和积极性，先革命之忧而忧，后革命之乐而乐，赤胆忠心，终生为革命事业而奋斗，而不是斤斤作个人打算的；为了革命的利益和需要，不仅可以牺牲自己的某些利益，而且可以毫不犹豫地贡献出自己的生命。""群众的英雄主义表现在两个方面：一是所作所为，都是为群众的利益，而个人的利益应该无条件地服从群众的利益；一是相信群众力量、集体力量才是创造世界、历史的伟大力量，个人的力量只是这个伟大力量中的'沧海一粟'。"朱德的上述论述反映出他的集体主义原则，即对于一个共产党员来说，个人与集体是统一的，集体利益要高于个人利益，个人利益要服从集体利益。

朱德常说："共产主义者应当是没有私心的人，为了人民群众的最大利益，我们没有任何东西不可以牺牲。"1937年，在抗日前线，朱德在给老家亲人的信中说："那些望升官发财之人决不宜来我处，如欲爱国牺牲一切能吃劳苦之人无妨多来。我们的军队是一律平等待遇，我与战士同甘共苦已十几年，愉快非常。因此，无论什么事都可办好。"朱德认为，人们应该和"自己脑子里非革命的自私的意识思想做斗争"。他还经常向后代讲述其苦难的童年和革命经历，告诫孩子们革命不是为了个人的享受，因而不要去追逐个人的名利。他常对孩子们说："我是无产阶级，我死后，你们没有什么可继承。房子、家具都是国家的，我所用的东西都上交国家。我最珍贵的，就是屋里挂的那张毛主席像，你们可以继承。我的那些书籍你们可以留着读。"在临终前，他对身边的工作人员说："我有2万元的存款，这笔钱，不要分给孩子们，不要动用，告诉康克清同志，把它交给组织，作为我的党费。"这两万元钱，是朱德二十多年省吃俭用积累下来的，他的夫人康克清按照朱德嘱咐，将这些钱全部交给了党组织。

在朱德身上，类似的例子还有很多。中华人民共和国成立后，江西有同志来北京时，顺便给朱德捎来了几筐冬笋。朱德知道后说："下面的同志往中央送东西，这个风不好，不能提倡。咱们不能白吃下面同志送来的东西。这些冬笋都要送到机关供应站去，让大家按市价买，谁吃谁掏钱。我们要吃，也拿钱去买，把收的钱交给江西的同志。"

朱德到各地视察时，也从不接受下面的礼物。1959年，朱德去山东视察工作，地方上的干部因为知道朱德对莱阳梨赞赏有加，就装了两筐打算让他带回北京吃，并在朱德离开时悄悄将梨抬到了火车上。火车开动后，朱德发现了这两筐梨，他马上叫来随行的工作人员说："这两筐梨一个都不能动，到下一站火车停住，就把梨抬下车，派人送回去。"在朱德的要求下，工作人员照他的意见处理了这两筐梨。

1974年，88岁的朱德到秦皇岛贝壳厂视察，他到各车间向职工们问好，并热心地询问生产情况。广大职工很受鼓舞，决定将他们精心制作的一幅名为《山峡夜航》的贝雕画送给朱德。他们把画悄悄放在警卫员的车座下。但第二天，朱德却派康克清专程把这幅画送回厂里。工人们见此情况，恳切地说："这幅画是我们亲手创制的，是向委员长作汇报的，还是请您劝委员长收下吧！"康克清亲切地说："老总一再说了，这是人民的财产，应该拿去换外汇，支援国家建设。大家的心意，老总已经收下了，谢谢大家。可是这幅画坚决不能收，我看还是按老总的意见办吧！"

朱德廉洁奉公的高尚人格，还体现在他严格管好亲属和"身边人"方面。他对于自己的亲朋好友始终保持着严格要求，不徇私情。如在汽车的使用上，朱德明确告诫家人："汽车是国家给我办公用的，不准孩子们坐我的汽车上学，不准因私事用我的公车，必要时用车一定要交费。"有时女儿朱敏身体不好，需要坐车，朱德就嘱咐秘书扣付汽油费。他解释说:"第一,汽车是因为工作需要为我准备的,你们没有权利坐;第二,现在一般家庭没有小汽车,你们常坐,就会觉得自己比别人特殊。特殊化,这可要不得。"朱德常对亲人们说:"你们不要总想着我这个家的生活、吃住都有组织来管,条件比大家好得多,这些是党和人民给的待遇,可你们不能享受。你们在节假日里来这住儿天是可以的,但不能常住。生活上要自力更生,不要依靠我;工作上也不要靠我去当官,共产党不是凭哪一个人就可以做官,而是靠自己的本领,能干什么就干什么。"

中华人民共和国成立后,朱德家乡仪陇的父老乡亲有几十人要上北京。朱德得知消息后,立即告诉重庆的负责干部做好工作,动员他们尽快回去生产劳动,一个也不要来。朱德强调,他们中要来参加工作的,也要根据党的政策量才录用。朱德有个侄孙不太安心在农村工作,曾几次写信给朱德,请求朱德调他到北京,但朱德都拒绝了。之后,这个侄孙参了军,在临近复员前,他到北京请求朱德帮忙在城里找个工作,没想到朱德却劝他安心回原籍服从组织的安排。

朱德的儿子朱琦因病去世后,有关部门考虑到朱德年事已高,几个亲人都在外地工作,身边应该有人照顾,于是决定把在青岛海军服役的孙子调回北京。朱德得知消息后,特地找来海军领导人了解孙子调回北京的情况。尽管此时孙子的调令已经下来,但朱德仍劝说孙子立即赶回部队过春节。

1953年,朱敏从苏联学成回国,被分配至北京师范大学当教师。朱德要她搬到学校去住单身宿舍,嘱咐她每个星期天才能回家,而且只能坐公共汽车回来,要她好好工作,同群众打成一片。当时朱敏已经结婚,但学校的新宿舍还没有建起来,她就在单身宿舍里住了4年。朱德为了让朱敏一心一意地投入到工作中,便和康克清将朱敏的第一个孩子带到身边亲自照料。朱敏想孩子时也不能随时回家看望,必须在星期天休息时才能看到孩子。朱敏在莫斯科读书时,因常年是供给制,她从不知道该怎样花钱。在北京师范大学,她却要自己管理生活,结果每月工资发下来后却不会计划着用,老是一个月的工资半个月就花光了。没有办法,她只好去找父亲。朱德见她衣兜里只剩几个硬币,不由得笑了起来:"怎么?老师同志,成了穷光蛋了,工资一个人花还不够?别人一大家子的日子怎么过呀?照你这个花法,不是要把家人的脖子都扎起来了。你的毛病是没有计划性,以后爹爹帮你制订开支计划,要养成良好的用钱习惯。"后来,朱德还真的给朱敏制定了详细的开支表,朱敏以后就按照这个开支表用钱,再也没有出现"经济危机"的情况。

作为党和国家的领导人,朱德不但克己奉公,不让亲属和"身边人"得到哪怕一丁点的特殊照顾,而且要求干部廉洁从政,应具有廉洁奉公的公仆精神。他强调全党同志"要正派,要奉公守法,以身作则,使自己成为遵守纪律、服从组织、团结群众的模范"。针对下基层调研时有工作人员收取礼品的情况,他着重指出:"我们下来是工作的,不是来搜刮的,怎么能随便收下面的礼呢?今后订下一条,下来工作,不许接受礼物。"他的心里装着的始终是千千万万的人民群众和普通劳动者。

一切腐败都滋生于贪婪、堕落和高高在上、脱离群众的官僚作风，而朱德的所作所为却与之相反。朱德在波澜壮阔的一生中，始终把自己和家人置于普通民众的位置，展现了一个共产党人廉洁奉公的高尚品德。

三、真善美统一的人生境界

真理，是无数有识之士努力追求的终生目标。朱德能求真，同时也能守真，这种光辉品质反映在他坚持真理、捍卫真理的整个人生征程中。如长征途中与"左"倾中央领导人及张国焘的斗争，"文化大革命"中与林彪、江青反革命集团的斗争等，都表现了他捍卫真理的献身精神与真善美的人生境界。

在1935年的遵义会议上，朱德在王稼祥、张闻天发言之后，旗帜鲜明地支持毛泽东的正确意见。当时给李德当翻译的伍修权后来回忆道："朱德同志历来谦逊稳重，这次发言时却声色俱厉地追究临时中央的错误，谴责他们排斥了毛泽东同志，依靠外国人李德弄得丢掉根据地，牺牲了多少人命！他说：'如果继续这样的领导，我们就不能再跟着走下去！'"会议根据毛泽东和张闻天、王稼祥、朱德、周恩来、李富春、聂荣臻等多数人发言提出的意见，形成《中共中央关于反对敌人五次"围剿"的总结决议》，肯定了毛泽东、朱德等在前几次反"围剿"

中取得胜利的正确的战略战术原则。会议一结束，朱德兴奋地对康克清说："这次会议开得好，你等着听传达吧！"26年后，朱德在缅怀这一伟大历史转折时写下了这样的诗句："群龙得首自腾翔，左右偏差能纠正，路线精通走一行，天空无限任飞扬。"

在大是大非面前，朱德能够实现高度原则性和高度灵活性的统一，这体现了一种高超的斗争艺术，反映了知、情、意的结合，达到了一种美的境界。在长征过程中，张国焘反对党中央，企图另立中央，朱德同他进行了针锋相对的斗争。朱德坚定地对张国焘说："你可以把我劈成二半，但你割不断我和毛泽东同志的关系！"张国焘气势汹汹地恐吓要枪毙朱德，朱德大义凛然地回答说："你愿意枪毙就枪毙，我决不接受命令！"张国焘恼羞成怒，妄图通过各种会议威逼朱德，并煽动一些不明真相的战士对朱德进行围攻。在一次会议上，张国焘对朱德施加压力，他操纵一些人硬逼着要朱德表态。朱德明确地回答说："北上抗日是中央的决议，中央的路线是正确的。我是举过手的。我不能反对毛主席、党中央。"张国焘听后大骂道："你这个老糊涂，老右倾，老而不死的！"康克清回忆当时的情况说："朱总很沉着，任你怎么斗，怎么骂，他总是一言不发，像不沉的'航空母舰'。等对方斗完骂完，他才不慌不忙地同他们讲道理。"对于大是大非，朱德决不含糊，他说："朱毛，朱毛，人家外国人都以为朱毛是一个。哪有朱反对毛的！朱毛是不可分的！"

人格的力量

朱德在真理面前从不隐瞒自己的观点。在1959年的庐山会议上，他反复申述自己的意见，谈对形势、成就和缺点错误的看法。他在小组会上说："去年的缺点是刮了'共产风'，不承认生活资料归个人所有。只有承认生活资料归个人所有，多劳多得，农民才能有生产积极性；我要再次强调帮助农民建立家务的重要性。个人也要有经济核算，这样日子就好过了，生产、生活也就能安排好了。"他坦陈了"大跃进"、人民公社化运动中存在的问题："去年农业是好收成，粮食为什么还紧？主要是吃大锅饭吃掉了。好的，吃了；坏的，烂了。农民对私有制习惯了，分散消费可能节省一些。关于手工业问题，去年很多合作社升级变为国营。一升级，他就不计盈亏了，什么都要国家包起来，这怎么行？商业去年也下放了不少，不搞经济核算，结果亏欠很多。我看全民所有制、集体所有制和个体经济都要承认。按劳分配，多劳多得，各自生活。这些问题都要摆清楚，以便认真总结经验教训。"当会议风向发生转变时，尽管他知道会上需要的是批判彭德怀的话，但他还是说了肯定彭德怀的话。

"文化大革命"爆发后，大批党员干部被打倒，这种情况下，朱德应该少说为佳，但对党和国家的责任感促使他不能不说话。1966年12月6日，朱德在中央政治局扩大会议上说："现在群众已经起来了，我有点怕出乱子，特别是怕生产上出乱子。"几天后，他又在一次政治局扩大会议上说："现在有一个问题，就是把你也打成反革命，把他也打成反革命。我看，只要不是反革命，错误再严重，还是可以改正的。一打成反革命就没有路可以走了，这个问题要解决。"面对"打倒一切"和"全面内战"所造成的触目惊心的社会动乱，1967年1月11日，朱德在中央政治局扩大会议上说："现在运动搞到破坏生产的程度，忘记了'抓革命、促生产'，这是新出现的问题。我们制止武斗这么久了，可是有人还在搞武斗，甚至砸机器，烧房屋，这里有反革命分子捣乱，要特别引起注意。"朱德的话，引起了林彪、江青一伙的极大不满。面对他们的阴谋活动，朱德始终坚持真理，不为所动。

"文化大革命"期间，朱德不顾个人安危，努力为许多老同志澄清事实。在他家中的一个本子上，记录着朱德处理的一些为老干部澄清事实的情况，如："1967年11月15日，接局（中央警卫局）政治处转来炮直无产阶级革命派调查炮兵副政委欧阳毅在四方面军的表现一信。收到此信，当天转朱德同志阅，16日朱德给陈林口述，陈林整理一个草稿，由朱德提意见修改后，17日将二稿送朱德同志同意签字连同原信一并发送局党委。"信的内容是："炮直无产阶级革命派批刘邓委员会的同志们，来信所提'关于欧阳毅在四方面军的表现问题'，现根据我的记忆，介绍如下：一、欧阳毅在四方面军工作的整个过程，是站在拥护以毛主席为首的党中央一边，反对张国焘路线的。二、张国焘为控制五军团，派其亲信黄超夺了原五军团保卫局长欧阳毅的权。夺权后，欧被安排什么工作，我记不清楚了。后来总司令部（当时兼四方面军司令部）一局缺人，我们把欧调一局工作。三、欧和胡底同志是站在同一条路线上的。胡底同志被害（南下中，于阿坝以南的路上）是在欧被夺权（于阿坝）离开五军团以后。四、张国焘是个卑鄙的机会主义者。他常以'叛变'加罪于拥护毛主席党中央的同志，以'失踪'来掩盖杀害好同志的罪行，此外还挑动某些士兵之间的武斗。欧阳毅所举三件事均属实，第三件是我亲自处理的。"正是因为朱德的这些信件，许多干部才从造反派手中被释放出来。

在朱德追求真善美人生境界的背后，折射着他固有的生死观念。他曾说："我们参加共产党的第一天，就决定了要为革命牺牲。既然有决心参加共产党干革命，为什么还要顾虑生死？为革命牺牲，正是死得其所，是最光荣的。""我们的原则应当是：要舍得为祖国而牺牲。……只有这样的不怕牺牲，我们才能死里求生。"这充分表现了朱德作为一个无产阶级革命家和共产主义战士对生与死的辩证理解。由于有这种正确的生死观，朱德在理想、真理面前，常常能置生死于度外，显示出一个革命者大无畏的英雄气概。

1929年初，朱德带领红四军离开井冈山，向赣南进军。江西敌人派出两个旅的兵力跟踪追击，广东军阀也派出一个旅沿途堵截。红四军经几番恶战，不但没有摆脱尾追的敌人，反而与敌人的距离越来越近，有时只隔一天路程，形势变得危急起来。一天，天刚蒙蒙亮，红四军沿着南岭山脉江西一侧的崎岖小路向寻乌疾进。突然一阵激烈的枪声从右前方传来，一队人马迅速冲了过来，将红四军截成两段。由于敌军人多势众，来势凶猛，红军陷入了极端被动的境地，朱德也被断在后面，与先头部队失去了联系。在此情况下，朱德临危不惧，沉着果断，立即指挥部队绕过敌人的主力迂回前进。他亲自率领一个警卫班担任后卫，掩护大部队迅速脱离险境，与前面的部队会合。朱德指挥警卫班集中火力，近距离杀敌，连续打退了敌人的几次冲锋。敌人拼命追击，战士们一个个倒下，最后只剩下三个人。面对严酷的险境，朱德勉励两位战士一定要不怕牺牲，坚持到底。他亲握机关枪，迎着蜂拥而上的敌军不断地扣动扳机。在朱德的指挥下，敌人遭到了严重伤亡，进攻的节奏明显减弱。

1938年，在太行山，日军在十几架飞机的掩护下，分几路向八路军总部所在地合围过来。朱德当时正与参谋们一起聚精会神地研究战斗计划，警卫人员得知消息后，连续多次向朱德报告敌人的围攻情况。当敌机在头顶上空盘旋，爆炸声震耳欲聋，老百姓早已走光时，焦急的警卫员催促朱德赶快躲一躲，但朱德却临危不惧。他镇定自若地说："我不要紧，去通知部队，注意隐蔽，绝不能暴露目标！"说完，他淡定地俯下身，继续看地图。

"总司令洛阳赴会"事件也很具有代表性。1940年，朱德奉中央指示返回延安。途中，他要去河南洛阳同卫立煌谈判。然而，此次去洛阳风险很大，他一路上要经过日军的封锁线和国民党军队的防区。更危险的是，被朱德打败的反共顽固派头面人物都在洛阳，那里的国民党特务活动也非常猖獗，因此，许多人都为朱德的安全担心。但是，朱德大义凛然，置生死于度外，深入虎穴，终于完成党中央交给的任务，胜利地回到了延安。朱德一生经历的大小战斗无数，这样的例子不可胜数。

真善美的核心是真。在重大关头和危难时刻，朱德以坚定的理想信念，义无反顾地站了出来，勇敢地捍卫了真理。显然，正是这种高尚的献身精神塑造了他卓尔不群的人生境界。

四、高尚纯洁的道德情操

无论是在革命战争年代，还是在紧张繁忙的公务中，无论是与外国首脑、社会名流交往，还是与普通百姓、老幼妇孺共处，朱德都始终谦虚宽厚、坦诚磊落。从朱德身上时常让人感受到一种高尚的人格与美好的气质，一种从内心深处流露出来的自然人格之美。

"度量大如海"，是毛泽东对朱德宽广胸怀的高度评价。对此，陈毅也曾说："总司令的度量很大，在我们党内是有名的，在我们军队同志中，也是很少能相比拟的。正如俗话所说：'宰相肚里好撑船。'总司令就有这种浩如海洋的度量。"可以说，朱德在处理很多事情时，都自然流露出其宽厚的品格。抗战前后，因清算张国焘的错误，红四方面军不少同志心里有负担，害怕受到歧视。朱德力主公道，将红四方面军广大干部和张国焘严格地区分开来，对这些干部充分信任、大胆使用，使许多同志深受感动和鼓舞，并在日后的革命斗争中继续发挥积极作用。朱德对所有的党员干部都一视同仁，没有一个私敌，不做一件挟私报复的事，真正达到了无私忘我的境界。

第四章　朱德的人格风范

朱德虚怀若谷，不争功荣。他多次强调"切不可居功"，"应切忌自满，切忌骄傲"。据朱敏回忆，朱德从不在子女面前谈自己的功劳，每当有人要他谈谈他的经历时，他总是摇摇头或摆摆手。"父亲对我们说，'中国革命取得的胜利，都是毛主席英明领导的结果。我是相信毛主席的，一生都在毛主席的领导下工作。'父亲这朴素由衷的话语，句句饱含着对毛主席的敬重和热爱，使人们受到深刻的教育。"

在荣誉面前，朱德表现出了一个优秀共产党人的高尚情操。1946年11月30日，党中央在延安为朱德60寿辰举行庆祝会。刘少奇赞扬朱德"60年来为中国人民所做的事业，是中国共产党和中国人民最优秀的结晶，给予党和人民极大的光荣"。周恩来也赞扬朱德的革命历史"已成为20世纪中国革命的里程碑"。但朱德却说："不经过工农群众，哪里来的功！"朱德始终把荣誉归功于党和人民大众，而自己却永远是普通人民中的一员。

朱德与党内外同志、国内外朋友共事时一向谦虚礼让、态度祥和。他虽然功高、位尊、权重，却从不摆架子、发脾气、搞特殊，对任何人都非常随和平易，这可以从很多同他有过交往的人的言语中看出来。如聂荣臻就说："他在老百姓中，他是老百姓；在战斗中，他是战士。和伙夫一样，很俭朴，极群众化。"耿飚回忆说："以前，从众多的关于他的传奇式传说中，我得出一个印象：他是一员威风而严肃的战将。现在，当他站在我面前时，……使人感到了他的睿智和亲切。"刘白羽在《巍巍太行山》中说："我想起总司令，立刻想到太行山。……我深深觉

人格的力量

得，我们敬爱的朱总司令正如太行山一样高大，深厚，刚强，稳重。万山逶迤驰奔马，高天坦荡走飞云，朱总司令永远永远像巍巍太行山耸立在我们面前！"

抗战时期曾到延安采访的英国记者根瑟·斯坦因写道："八路军总司令朱德将军，兵士们敬爱那个60岁的老农民，像父亲一样。他宽阔的面孔焕发着一种不可抗拒的热烈与乐观，他有力的手唤起人们的信心。"外国友人爱泼斯坦谈到对朱德的印象时说："58岁的朱德是一位和蔼可亲的人，满头浓密的黑头发，面部宽阔，两眼炯炯有神。他身材健壮，步履稳健。他的直率使见到他的人一下子想起了亚布拉罕·林肯的主要特征。从他的外表一点都看不出他是一个勇猛善战的指挥员和身经百战的战略家。相反，他看上去像一位普通的父亲，在干完一天艰苦而又令人满意的工作之后，回到家中，解开纽扣斜靠在椅子上休息。谈起话来面带安详的微笑，充满成熟而又淳朴的智慧。这种智慧来自他长期熟悉的生活，并已与他自身融为一体。"美国记者约翰·罗德里克写道："我首次拜见朱德，是1945年在中国西北的延安。作为共产主义军队的总司令，他在'枣园'的生活是极其俭朴的。他当时约60岁，就好像一位慈祥的祖父一样。他亲切的脸孔，时常挂着笑容，使最怀批评性的访客也会消除敌意和顾虑。在那个年代，他成为共产主义中国的发言人，接待外国记者、来访的外交官和几乎所有到延安去的人，都是待之以同等的幽默感和耐性。当他笑的时候、向朋友递香烟的时候，表现出来的礼貌，都使人感到一阵阵温暖，冒出很强的感染力。"

第四章 朱德的人格风范

给朱德做过保健医生的顾英奇回忆说:"在近10年的接触中,我深深体会到总司令既没有官气,也不摆老资格,甚至年龄上的老资格也不摆。那时我是个20多岁的青年人,但70多岁的朱德一直称呼我'顾医生''顾大夫'。有一年,我因本身血清转氨酶偏高住进医院,朱德和康克清就来到病床边探望我,安慰我好好养病。这使病房的医生、护士和病友们都十分惊讶、感动。"

朱德平易随和的高尚人格无时不体现在具体的日常实践生活之中。中华人民共和国成立前夕,米高扬来到西柏坡访问,朱德不仅负责了全过程的接待,而且还陪同了毛主席与他的谈话。后来,米高扬专门同朱德作了交谈,他惊讶地说:"无法想象,您这位护国名将和苏联秘密军事基地训练出来的将军,生活得却如此平常。"朱德回答说:"这里没有你们元帅的指挥部,也没有漂亮的军服和马靴,这就是中国革命者的特点。"整个谈话,朱德给米高扬谈了他思考后要补充的问题,包括毛泽东在中央的领导权威,目前的战略反攻问题,中国与美国的关系问题等。他充满激情,给米高扬留下了非常深刻的印象。米高扬认真地听着,回国后,在斯大林和苏共政治局委员面前,他对中共领袖做了各种不同的评价。但对朱德的评价比较特殊,没有使用领袖、助手、管家这类词汇,他唯独看到了朱德人格上的光彩,称朱德"是一个好人"。

又如,全民族抗战初期,朱德代表八路军与卫立煌进行了多次亲切、诚恳的长谈,朱德谦虚朴实、平易近人的作风给卫立煌留下了深刻印象。在没有见到朱德以前,卫立煌对于这个红军总司令的样子,实在

人格的力量

无从想象。见了面之后，朱德的形象令他出乎意料。朱德穿着一套灰色棉布军服，风纪扣扣得紧紧的，腰间扎了一根士兵用的小皮带，脚上穿了一双旧布鞋，绑腿打得整整齐齐。他眉毛浓黑，眼睛炯炯有神，年纪在50岁上下，犹如一个田舍翁。这和卫立煌所见过的国民党阵营中那些威风八面、讲究排场的"总司令"相比，实在有太大的差别。与朱德交谈后不久，当卫立煌谈到对朱德的印象时，他说："是个气量大、诚恳、忠厚的长者。"

国民党元老王葆真同朱德的交往也能说明这一点。王葆真在抗战时期曾率队到抗日根据地访问，受到朱德的欢迎并同他彻夜长谈。他被朱德的人格力量感染和吸引，决心与中共团结抗日，不做有损中共的事情。1948年1月，王葆真担任了民革中央常务委员，负责策动国民党军队起义和迎接上海解放。后来，经朱德提议，王葆真被邀请登上天安门城楼出席开国大典。在城楼上，朱德与王葆真亲切握手，关切地询问他在上海被国民党逮捕入狱备受摧残的情况。1955年，王葆真75岁寿辰之日，朱德专门到他家去祝寿，共叙友情。后来，王葆真被错划为右派，朱德在极为困难的情况下，总是尽力给予关心和帮助，并托人转告他："我们不会忘记老朋友。"在"文革"中，造反派逼王葆真写揭发朱德的黑材料，王葆真不惧迫害，给予严词拒绝。朱德逝世时，王葆真以一首词吟出他对朱德的崇敬之情："党失优秀军失首，英烈忠魂直上重霄九。八一红旗震全球，光耀万代永不朽！"

第四章 朱德的人格风范

朱德虽身为总司令，但在几十年的革命生涯中，总是平等对待士兵，时时关心战士的冷暖疾苦，与战士心连心，因此受到广大士兵的爱戴与人们的尊敬。土地革命战争时期，在茅坪的红军医院，有许多伤员都急着重返战场，医生怎么劝说都不行。朱德听说以后，亲自来到茅坪医院看望伤员。医生对朱德讲述了伤员不安心疗伤的情况，并请他帮助想办法。朱德问清情况后对医生们说："你们既要治伤，也要治心，把二者给结合起来才能让伤员安心，早日治好病。"医生犯难地说："我们医院条件很差，没有什么好药，也没有什么营养品。"朱德说："正因为这样，才要治心嘛，治心就是千方百计让伤员安心治病。"他建议给伤员们演些小节目，特别是演些宣传战士们的英雄事迹的小节目，让大家配合治病。为了做到这一点，第二天，朱德就把戏班子请来了。他还亲自和战士们一起背门板，抬木桶，在医院门口搭了一个戏台。戏快开演前，朱德和医生护士们又把几个重伤员背来，让他们也来看节目。一个重伤员在朱德背上直喊："军长！使不得，使不得！"朱德不在意地说："有什么使不得，你们在战场上英勇杀敌负了伤，是人民的功臣，我背你们是应该的！好好看戏，心情愉快了，伤也好得快！"节目看完以后，伤员们都表示，一定要听军长的话，安心养伤，争取早日再上战场。

朱德高尚纯洁的光辉形象深深铭刻在同他交往过的广大民众心中。他为人敦厚慈祥，对人关心体贴，以诚相待，这是极为宝贵的精神财富，值得我们永远学习和发扬。

人格的力量

五、风格独具的人格力量

朱德不仅虚怀若谷、廉洁自律，而且还具有风格独特的人格力量，这种人格力量集中体现在他对亲人、朋友和民众的情义上面。朱德对亲情、友情和爱情的珍视，同他追求真善美的人生境界是彼此统一的，从而成为他高尚人格中独具特色的内容。

朱德十分珍视亲情和爱情。只是，他对待情义的方式是深沉和含蓄的，并不显得那么外扬。他对陈玉珍的感情就能够说明这一点。朱德的夫人肖菊芳1919年去世后，任滇军旅长的朱德因军务政务繁忙，生活显得非常艰难。他的挚友孙炳文看到这种情况后，就把自己的外甥女陈玉珍介绍给了朱德。朱德后来回忆说："如果说最吸引我的地方，那大概是她的端庄、沉着和自信。此外，还因为她曾作为地下工作者参加过辛亥革命。她出身于小康读书人家，很早就和革命运动有了接触。我们在谈话中，发现彼此都读过很多书，都爱好音乐。此外，还有许多共同的地方。此后不久，我们便结了婚。她把家庭布置得简朴、新颖，而且非常干净，里里外外都是鲜花。我们非常喜欢养花，她修整了很漂亮的花圃。她爱我的孩子，如自己所生一样。我想，孩子也不知道自己的生母已经去世。孩子蹒跚学步的时候，我从外面回来，经常看到她们母子俩在院内花丛中捉迷藏。她没有生小孩，所以，当时我只有这一个孩子。"

第四章 朱德的人格风范

但在那时，朱德因身陷军阀混战之中，并没有和陈玉珍过几天安稳日子。当时，朱德和驻四川的一些滇军将领主张联合川、黔军出兵讨伐北洋军阀政府，并要求滇军从四川撤回云南。但"云南王"唐继尧对这两项建议都不接受，他要滇军在四川争地盘，好让他称雄西南。朱德觉悟到他是被军阀利用后，便于1921年初跟随顾品珍回师云南驱逐了唐继尧。他本想自此之后便出国留学，但被同事挽留在云南又待了一年多。到1922年3月，唐继尧又阴谋组织旧部打回云南昆明，并向朱德发出通缉。朱德便带一连人马出走昆明，辗转于云南北部的崇山峻岭，过金沙江、大渡河，又经过雅安、乐山只身回到南溪家中。这时，陈玉珍正日夜盼望着朱德的归来。朱德与陈玉珍团聚了，尽享了小家庭的温暖，但他仍没放弃出国留学寻找救国之路的愿望。

朱德于1922年5月告别陈玉珍，9月从上海乘法国邮船赴欧洲。当他再从苏联海参崴乘船转道日本回国时，已是1926年7月。这时，朱德已经是一名共产主义战士了。8月，朱德回到泸州、南溪，其重要目的就是回家与妻儿团聚。他把陈玉珍接到了万县，至南昌起义前夕，他又派人把陈玉珍送回了四川。10年后，直到1937年卢沟桥事变爆发，国共两党再次合作，朱德成了国民革命军第八路军总指挥，才又有了与家人联系的条件。1937年9月5日，朱德率八路军总部向华北前线进发的前一天，给陈玉珍写了自分别后的第一封信。信中说：

别后甚念。我们革命工作累及家属本属常事，但不知你们究受到何种程度。望你接信后，将十年情况告我是荷。理书（二哥之子）、尚书（大哥之子）、宝书（朱琦）等在何处？我两母亲（生母和养母）是否在人间？……近来国已亡三分之一，全国抗战，已打了月余。我们的队伍已到前线，我已动身到途中。对日战争我们有信心并有把握打败日本。如理书等可到前线上来看我，也可以送他们读书。我从没有过一文钱，来时需带一些钱来。

11月6日，朱德又写了一封信给陈玉珍：

由南溪来信数封均收到，悉一切情形，又家中朱礼书来信亦悉。许明扬近与我见面亦谈及家中情况。十年来的家中破产、凋零、死亡、流亡、旱灾、兵灾，实不成样子。我早已看到封建社会之破产，这是当然的结果。尚书死去，云生转姓，后事已完，我再不念及。惟两老母均80，尚在饿饭中，实不忍闻。望你将南溪书籍全卖，及产业卖去一部分，接济两母千元以内，至少400元以上的款，以终余年。望千万办到。至于你的生活，望你独立自主的过活，切不要依赖我，我担负革命工作昼夜奔忙，10年来艰苦生活，无一文薪水，与士卒同甘苦，决非虚语。现时虽编为国民革命军，仍是无薪水，一切工作照旧，也只有这样才能将革命做得成功。近来转战华北，常处在敌人后方，一月之内29日行军作战，即将来亦无宁日。我这种生活非你们可能处也，我也决不能再顾家庭，家庭亦不能再累我革命。

我虽老已 52 岁，身体尚健，为国为民族求生存，决心抛弃一切，一心杀敌。万望你们勿以护国军时代看我，亦不应以大革命时代看我。望你独立自主，决不宜来前方，亦不应依赖我。专此布复。并望独立。

从信中可以看到，朱德一方面嘱咐陈玉珍变卖南溪家中的财产以接济两位老母，另一方面希望陈玉珍"独立自主的过活，切不要依赖我"，这包含着朱德对陈玉珍的信赖。

朱德深知陈玉珍对他的感情以及为他做出的牺牲，这可从他在1950年2月给陈玉珍写的这封情深意笃的信中看出来。信中说：

自别后，你多受惊恐，无日不神飞左右，你的深情，我是深知的。谢谢你。我们分别是为了革命所需，不是其它。今日南溪已得到解放，你们是能家居做事的，当无他顾虑，努力从事生产，自能享受余年，亦应努力参加革命工作，为人民服务，更多光荣。南溪当道，今日当然是我们的同志，无论军政党都是保护你们的，多与他们见面，如果在南昌时一样态度对之，自然使你们逐步走上革命道路。你们家中事亦可如此好好解决。我今年六十又四，食少事繁，身体日弱，个人私情、家事等等，不能不使我置之度外，望你好自为之，自作主张。来信云，你事繁任重，希望你努力加餐，为国珍重，将我和家乡忘掉好了，这是你真正的名言，是真知我爱我的。今后如有十

人格的力量

分困难时，当托同志照顾一切，如能自立总以自立为是。你的侄儿女辈，如有革命志愿，家中不依靠他们为生活的，我可介绍培植为社会服务的有用人才。祝你的身体好，并祝你的伯母健康。

信的字里行间，都透露着朱德对陈玉珍深沉而厚重的感情。

当然，朱德对母亲的感情也十分深厚，他非常孝敬和感恩母亲。朱德在对美国作家史沫特莱谈起他的母亲时说："我的相貌很像母亲。她比一般妇女要高大一些，强壮一些，裤子和短褂上左一块右一块都是补丁。两只手上凸显着粗粗的血管，由于操劳过度，面色已是黝黑，蓬蓬的头发在后颈上挽成一个发髻，两只大大的褐色眼睛充满了贤惠，也充满了忧愁。"朱德还说："母亲是个好劳力。从我能记忆时起，总是天不亮就起床。全家二十多口人，妇女们轮班煮饭，轮到就煮一年。母亲把饭煮了，还要种田，种菜，喂猪，养蚕，纺棉花。因为她身材高大结实，还能挑水挑粪。"母亲宽厚仁慈的性格给了朱德潜移默化的影响。他回忆说："母亲在家里极能任劳任怨。她性格和蔼，没有打骂过我们，也没有同任何人吵过架。因此，虽然在这样的大家庭里，长幼、伯叔、妯娌相处都很和睦。""在困难的境遇中，母亲没有灰心，她对穷苦农民的同情和对为富不仁者的反感却更强烈了。母亲沉痛的三言两语的诉说以及我眼见的许多不平事实，启发了我幼年时期反抗压迫追求光明的思想，使我决心寻找新的生活。"

第四章　朱德的人格风范

朱德离开家乡参加革命后，没有机会回去看望母亲，但他一直惦记、想念着母亲。1937年7月，身为八路军总司令的朱德得到四川家乡的音信，年届八十的生母和养母因为闹灾荒，经常挨饿，度日艰难。但此时的朱德竟身无分文，连救济母亲的能力都没有。为了解决母亲的生活问题，在抗日前线，他悄悄写信向在四川泸州的好友戴与龄求助。朱德在信中写道：

与龄老弟：抗战数月颇有兴趣。日寇虽占领我们许多地方，但是我们又去恢复了许多名城，一直深入到敌人后方北平区域去，日夜不停的与日寇打仗，都天天得到大大小小的胜利……我家中近况，颇为寒落，亦破产时代之常事，我亦不能再顾及他们。唯家中有两位母亲，生我养我的均在，均已八十，尚康健。但因年荒，今岁之食，想不能度过此年，又不能告贷。我十数年实无一钱。即将来亦如是。我以好友关系向你募贰佰元中币。速寄家中朱理书收。此款我亦不能还你，请你作捐助吧！望你做到，复我。

戴与龄接信后，读到朱德对其母亲那博大深沉的情意，内心感动不已。

1944年2月15日，朱德86岁的母亲离世而去。噩耗传到延安，朱德备感悲痛。为了表达对母亲的悼念，他在《解放日报》上发表《母亲的回忆》一文，深切地说：

人格的力量

　　我应该感谢母亲，她教给我与困难做斗争的经验。我在家庭中已经饱尝艰苦，这使我在三十多年的军事生活和革命生活中再没有感到过困难，没有被困难吓倒。母亲又给我一个强健的身体，一个勤劳的习惯，使我从来没感到过劳累。

　　我应该感谢母亲，她教给我生产的知识和革命的意志，鼓励我以后走上革命的道路。在这条路上，我一天比一天更加认识：只有这种知识，这种意志，才是世界上最可宝贵的财产。母亲是一个平凡的人，她只是中国千百万劳动人民中的一员，但是，正是这千百万人创造了和创造着中国的历史……我用什么方法来报答母亲的深恩呢？我将继续尽忠于我们的民族和人民，尽忠于我们民族和人民的希望——中国共产党，使和母亲同样生活着的人能够过快乐的生活。这是我能做到的，一定能做到的。

　　文章情谊深切、感人至深。

　　此外，朱德对朋友的关照也体现在日常生活的方方面面。1967年2月17日，江苏省委第一书记江渭清来到朱德家中。他紧紧握住朱德的手，热泪盈眶，一时不知该说什么。朱德亲切地询问了他的身体和安全情况，江渭清向朱德讲述了江苏省"文革"运动的情况，说那里是"专抓革命，不搞生产，田里的稻谷没人收，工厂停工不生产"。朱德说："停产闹革命并不是主席的意见，也不是中央的意见，这些都是造反派搞的！而且他们整人也整得很厉害。"朱德要江渭清把江苏的情况反映到毛泽东那里。谈话后，朱德又留江渭清和家人一起吃饭。江渭清担心地问："我是江苏'最大的走资派'，在这里吃饭，会不会牵连到您？"朱德说："你这样的老同志，我是了解的，如果说吃顿饭就会受到牵连的话，我不知被牵连多少回了！"正如朱德所说的那样，"文化大革命"期间，受朱德关心过的同志还有很多很多。

总之，朱德是一位极重感情的人。他爱民众，爱战友，爱亲人，胸襟博大如海，情义厚重似山，这构成了他高尚人格力量中独具特色的内容。

六、艰苦朴素的勤勉作风

朱德一生都在践行艰苦朴素、勤俭节约的优良作风。无论是革命战争年代，还是在和平建设时期，朱德的生活都十分简朴，衣服常打满补丁，饮食也非常简单。在自己节俭的同时，他还教育子女培养勤俭节约的习惯。在朱德看来，只追求个人享受，不愿意艰苦奋斗，是一种"最危险的现象"。

从思想层面看，朱德艰苦朴素的作风来源于他正确的苦乐观。在苦与乐面前，朱德提倡吃苦耐劳的精神。朱德出身于农民家庭，艰苦的环境锻炼了他与困难做斗争的能力。号召和支持南泥湾开荒，就明显地体现了他的这种吃苦精神。

人格的力量

抗日战争时期，由于日寇的"扫荡"和掠夺，以及国民党反动派对陕甘宁边区的军事包围和经济封锁，边区的财政经济发生了严重的困难。党中央制定了"生产自救"的方针，号召边区全体军民自力更生，精兵简政，开展大生产运动。朱德通过调查了解到，陕甘宁边区只有一百多万人，土地瘠薄，要负担几万干部和战士的吃穿，确实是件难事。有的部队机关得不到供给，吃不饱，穿不暖，生活非常困难。朱德从曹操"开荒屯田"的做法中得到启示，倡导在南泥湾进行农、林、牧、副、渔的综合开发。他钦点王震挂帅，率三五九旅屯垦南泥湾。在屯垦过程中，朱德多次到南泥湾视察地形，找老乡调查论证，经常是白天披荆斩棘，跋山涉水，晚上简单地搭个帐篷，露宿荒郊。

在大生产运动中，朱德处处注意以身作则，领导军委机关工作人员在王家坪附近开了个菜园，与警卫战士一起种了3亩菜地，自己解决吃菜问题。朱德手把手地教年轻战士种菜，带头拾粪积肥。大家怕他过度疲劳，关心地说："我们每人多抢一镐，就把您的活带出来了。"他笑着对大家说："大生产是为了打败日本帝国主义，解放全中国，我们多开一分地，战胜敌人就多一分力量。你们替不得，替不得！"在陕甘宁边区的生产展览会上，朱德不仅在开幕式和闭幕式上讲了话，还把自己种的一个大冬瓜送去展览，大家看了都很感动。有个干部当场赋诗一首："工余种菜又栽花，统帅勤劳天下夸；愿把此风扬四海，逢人先说大冬瓜。"

南泥湾的创举，推动了边区军民的生产热潮，使解放区度过了最艰难的时期，经济条件得到改善。1942年12月12日，延安《解放日报》发表了题为《积极推行"南泥湾政策"》的社论。社论写道："朱总司令从前方回延后，竭力提倡边区军队进行工业、农业、运输各方面的生产工作，以丰富的劳动，投入有用的活动，以减轻人民的负担，改善部队生活，密切军民关系，帮助边区建设。朱总司令这种克服物质困难、支持长期抗战的远大打算，在三年以前，有些人曾是不了解的。为了实行这一正确主张，朱总司令不但苦口婆心，作了许多解释，并且亲自踏勘南泥湾，亲自组织南泥湾的开辟工作。当时，南泥湾是空无人烟的地方，那里鸟兽纵横，蒿蓬塞路。当朱总司令踏勘的时候，晚上只能找到一个茅棚住宿。但是经过披荆斩棘，耕耘种植，今天的南泥湾已成了'陕北江南'。于是，'南泥湾政策'成了屯田政策的嘉名，而这个嘉名永远与朱总司令的名字联在一起。"

在生活上，朱德一直保持着艰苦朴素、勤俭节约的光荣传统。母亲的艰苦朴素是他学习的榜样，朱德回忆说："佃户家庭的生活自然是艰苦的，可是由于母亲的聪明能干，也勉强过得下去。我们用桐籽榨油来点灯，吃的是豌豆饭、菜饭、红薯饭、杂粮饭，把菜籽榨出的油放在饭里做调料。这类地主富人家看也不看的饮食，母亲却能做得使一家人吃起来有滋味。"

朱德一生都保持着劳动人民朴素的美德，即便在担任中央重要领导职务后，每顿饭也只是三菜一汤。他的夫人康克清一般在普通的食堂里吃饭，按照当时的伙食标准，这仅仅是一个中层干部的水平。只有到

人格的力量

了节假日，孩子们回到家后，全家人才在一起吃一些家常便饭。朱德经常要求在米饭里掺些杂粮。对于他的这种做法，身边的工作人员并不理解，朱德向他们解释说："杂粮饭又香又经饿，而且有丰富的营养。"

20世纪50年代中期的一天，中南海的供应站送来了又大又鲜的对虾。炊事员邓林知道朱德最爱吃新鲜的鱼虾，就买了几个回来精心烹好，送到朱德的饭桌上。吃饭时，朱德问："这对虾是从哪儿弄来的，多少钱一斤？"厨师如实做了回答。朱德说："对虾是好吃，可一吨对虾到国外能换回好多吨钢材哟！我们国家穷，缺钢材，对虾少吃一口有啥关系，出口换钢材更要紧。以后记住，再有对虾你就不要给我买了，买了我也不吃。"在之后几年里，朱德在家里再没有吃过对虾。

1962年，朱德回到阔别30多年的井冈山。当地领导准备了一些菜肴来款待他，但朱德谢绝了。他提出要吃红米饭和南瓜，并对当地领导说："井冈山红米饭是传统饭。红米种子不要断了，要保留这个品种，井冈山每年都要有计划地种一些。"也就在这一时期，朱德缩减了自己的饮食，他把自己的粮食定量从30斤缩减到了26斤，经常吃一种把米和菜煮在一起的"菜糊糊"。有一次，他亲自指导厨师做了一顿"菜糊糊"给身边的工作人员吃。他对大家说："今天请你们吃这顿饭，是让大家不要忘记过去战争年代那种艰苦奋斗的精神。现在国家经济困难，人民生活艰苦，我们要想到全国人民，和人民一起渡难关，能节约一点是一点。"朱德硬是带领家人用这种节约的办法，把短缺的粮食补了回来。

在日常生活的其他方面，朱德这种艰苦朴素的精神也体现得非常明显。他早上洗脸舍不得多放水，总是对服务人员说："要注意节约，节约一滴水、一分钱。自来水不是自来的，不能浪费。有钱不能乱花，要支援国家建设。"在穿着上，朱德的衣柜难有几件好的、贴身的衣服。他有两件稍好一点的罩衣，但怎么也不舍得穿，只是在接见外宾时才穿。他平时穿的都是旧衣服，连床上的被褥和床单都是打着补丁用了多年的。当工作人员要给他换新的时，他总会说："衣服被子只要整齐干净就好，补补能穿能盖，何必买新的？给国家节约一寸布也是好的。这比战争年代好多了，那时一件衣服要穿多少年！""我的衣服不是很好嘛！把钱省下来可以支援国家建设嘛。"在居住条件上，朱德也没有过多的要求。中华人民共和国成立初期，朱德住在中南海永福堂时，只有三间老式平房，节假日孩子们回来只能临时打地铺。即便是搬到中南海西楼，家里也没有吃饭的饭厅，管理部门多次提出要给他修理，他却一直不同意。

朱德不仅自己注意节俭，而且还经常教育子女和身边的工作人员继承和发扬艰苦朴素的优良作风和革命传统。他要孩子们都到学校去吃住，并嘱咐他们说："同学们吃什么，你们吃什么，吃饭不能超过个人的定量，一点也不要特殊。"尽管朱德吃得很简单，但当子女在家的时候，他还是不让子女和他一起用餐，要求他们到中南海的大食堂和工作人员一起吃饭。他还一再叮嘱，不准买好的，不准超过别人的伙食标准，不准增加定量。当子女对此不理解时，他就把他们叫到面前说：

"孩子，我疼你，可我们不能脱离群众呀！我这里比群众的待遇高，细粮多，粗粮少，可这些待遇是党和国家给朱德的，主要是为了党的事业，为了工作，可你们不应跟着享受，你们不能脱离群众，要和老百姓的生活一样才行。"

1963年12月26日，朱德给女儿朱敏题词，嘱咐她"发奋图强，自力更生，勤俭建国，勤俭持家，勤俭办一切，做一个又红又专的接班人"。这三个"勤俭"表明了朱德的人生态度，也传达了他对子女的期望，即希望他们自觉地努力工作，多办事，办好事，树立勤俭办事的良好风尚。正如朱德曾经说过的："每个人都要锻炼，要能吃苦，有朴素作风。人们都是'从俭入奢易，由奢入俭难'。有些人本来出身很苦，但进城以后就变了，不俭朴了。我们党是真正的马克思主义的政党，只有我们才能用这么大的力量和时间来改造社会，不但要改造经济，而且还要改造思想意识和道德风尚。旧习气不可能一下子除掉，沾染旧习气也很容易。如果不养成朴素、节约的习惯，生产无论怎样发展，人们的欲望也是难于满足的。"

以上只是选取了朱德人格风范最具代表性的几个方面。实际上，朱德还有很多宝贵品格，如敢于担当、实事求是、严守纪律等，这些都是值得我们继续加以研究和学习的。

第五章
邓小平的人格风范

伟大的时代造就伟大的人物。邓小平就是从中国人民和中华民族近代以来伟大斗争中产生的伟人。他的一生，同中国共产党、中国人民解放军、中华人民共和国创建和发展的历史进程紧紧相连，同中国革命、建设、改革的历史进程紧紧相连，同中华民族抗争、独立、振兴的历史进程紧紧相连，是光辉的一生、战斗的一生、伟大的一生。综观邓小平70多年的革命生涯，他始终秉持信念坚定、科学求实、独立自主、勇于开拓、严守纪律的本色。他崇高鲜明又独具魅力的革命风范，将激励我们在实现"两个一百年"奋斗目标、实现中华民族伟大复兴中国梦的征程上奋勇前进。

一、信念坚定

理想和信念是一个人对未来前景的向往和追求,是人的精神支柱,是人的内在动力源泉,决定着人生和事业的成败。习近平总书记将此比喻为人身上不可或缺的"钙",没有钙,人就会得软骨病,就会在关键时刻失去方向。

邓小平的一生,是为了人民的幸福而奋斗的一生。邓小平之所以能为中国新民主主义革命的胜利和社会主义建设做出突出贡献,立下不朽功勋,关键在于他树立了为共产主义而奋斗的理想信念。崇高的共产主义理想和坚定的共产主义信念是邓小平革命生涯的精神支柱和动力源泉。正是有了这个精神支柱,才使得邓小平在新民主主义革命中不畏艰险,不怕困难,勇挑重担,为中华人民共和国的建立立下汗马功劳;正是有了这个精神支柱,才使得邓小平在社会主义建设过程中勇于开拓,不断创新,独辟蹊径,开创了中国特色社会主义建设的新局面。

1986年,邓小平在接受美国哥伦比亚广播公司记者华莱士电视采访时,华莱士问:"您说过,您要活到100岁,然后可以去见马克思。到那个时候,马克思旁边可能还坐着毛泽东,他们可能对您说些什么?"邓小平说:"我是个马克思主义者,我一直遵循马克思主义的基本原则。我们过去干革命、打天下,能建立中华人民共和国就是因为有这个信念，有这个理论。革命胜利以后搞建设，我们也遵循马克思主义原则搞社会主义。"

可见，邓小平一直是一个坚定的马克思主义者，"从来就未受过其他思想的侵入，一直就是相信共产主义的"。邓小平16岁到法国留学，其间饱尝了"资本家的走狗——工头的辱骂""生活的痛苦"，看到了资本主义社会的罪恶，也受到了像李大钊一样已经觉悟的先进分子的影响。在法国工人运动的影响下，邓小平的思想也开始发生变化，开始接触马克思主义的书籍，有了参加革命组织的要求和愿望，并加入了中国社会主义青年团旅欧支部，初步确立了共产主义的理想和信念。当邓小平22岁来到莫斯科中山大学之后，他系统地学习了马克思主义基本理论。邓小平非常珍惜在中山大学的学习机会，"能留俄一天，我便要努力研究一天，务使自己对于共产主义有一个相当的认识"。经过学习，邓小平的理论水平得到很大提高，他能坚持以马克思主义的基本原则为指导，批判各种错误观点。从此，他坚定共产主义信仰，真正成为一名名副其实的马克思主义者，并在以后的革命斗争中，一直遵循马克思主义的基本原则。他说："我来莫的时候，便已打定主意，更坚决地把我的身子交给我们的党，交给本阶级。"

邓小平在1988年会见捷克斯洛伐克总统胡萨克的谈话中说："我参加共产党几十年了，如果从1922年算起，我在共产主义旗帜下已经工作了60多年。"邓小平自从确立了马克思主义的理想信念，遭遇过艰难的环境考验，在个人政治生涯中三次被打倒，甚至面临社会主义世界范围内的挫折，但无论面对任何的政治风浪，他对马克思主义的理想信念从来没有怀疑过、动摇过，总是那么坚定不移，信心满满。

革命战争年代，邓小平在做党的地下工作、建立革命根据地、参加两万五千里长征、奔赴抗日前线、参加解放战争等一系列革命实践活动中，面对极端困难的革命环境，他都能做到不屈不挠、英勇斗争，靠的就是理想信念。他坚信自己的理想一定能实现。正如邓小平所说："我们多年的奋斗就是为了共产主义，我们的信念理想就是要搞共产主义。""如果没有对马克思主义的充分信仰，中国革命也搞不成功。""对马克思主义的信仰，是中国革命胜利的一种精神动力。"正是因为有了众多具有这种理想信念的革命者的努力，我们才取得了革命的胜利。在和平建设年代，邓小平依然坚持对理想的追求，不懈探索，为开创改革开放的局面以及社会主义建设事业的发展做出了突出贡献。他坚信，中国要发展，没有对马克思主义的充分信仰不行，没有对社会主义的坚定信念也不行，没有信念就没有凝聚力，就没有一切。

从邓小平个人角度来说，在他的政治生涯中，曾经三次被打倒，被从高位上拉下来，但这都没有动摇邓小平对马克思主义的信仰。从社会主义事业发展大局的角度来说，即使社会主义事业受挫，也没有让他对马克思主义产生怀疑。1985年7月15日，邓小平会见特立尼达和多巴哥总理乔治·迈克尔·钱伯斯时谈过这样一段话：我是"三下三上"的人，没有乐观主义态度，没有相信自己的信念总会实现的思想，不可能活到今天。

人格的力量

苏联解体、东欧剧变以后，有人认为社会主义事业走入低谷，对社会主义的信心产生了动摇。此时，邓小平依然坚信："世界上赞成马克思主义的人会多起来，因为马克思主义是科学。它运用历史唯物主义揭示了人类社会发展的规律。封建社会代替奴隶社会，资本主义代替封建主义，社会主义经历一个长过程发展后必然代替资本主义。这是社会历史发展不可逆转的总趋势，但道路是曲折的。资本主义代替封建主义的几百年间，发生过多少次王朝复辟？所以，从一定意义上说，某种暂时复辟也是难以完全避免的规律性现象。一些国家出现严重曲折，社会主义好像被削弱了，但人民经受锻炼，从中吸取教训，将促使社会主义向着更加健康的方向发展。因此，不要惊慌失措，不要认为马克思主义就消失了，没用了，失败了。哪有这回事！"这也印证了美国著名的研究中国问题的专家斯图尔特·施拉姆的观点："邓小平是一位信奉马克思理念和延安革命精神的经验丰富的革命家，他讨厌由于对资产阶级式的自由主义和个人主义以及其他错误的想法的狂热而对马克思主义和革命精神持怀疑态度。"

有人说，确立理想信念并不难，难的是一辈子矢志不渝地坚持自己的理想信念，无论遇到任何艰难困苦都不动摇。邓小平正是一个毕生坚定、执着追求和向往"英特纳雄耐尔"的革命理想主义者，他对马克思主义的信仰一直坚定，至老弥坚。不管追求理想的道路多么艰难，也不管要付出多大的代价和牺牲，都义无反顾，永不退缩。只有理想信念的根基扎牢了，政治上才不会飘浮不定，才能有所建树。邓小平正是有了对马克思主义的坚定信念,才保持了在重大斗争和转折面前的坚定立场,而不是随风摇摆,甚至误入泥潭。西方一家杂志社送给邓小平一个雅号——"打不倒的东方小个子"。为什么打不倒,秘诀在于"忍耐"。芬兰前首相索尔萨曾经说过:"我们芬兰语中有个特别的词汇:忍耐。含意是拥有崇高的信仰,对为之奋斗的事业充满信心。这个忍耐与信仰便是邓小平的财产。"这既是对邓小平所说忍耐的诠释,也是对邓小平经历的解读。邓小平在逆境中不屈服,不改变立场,充分显示了他对理想信念锲而不舍的追求。

邓小平对共产主义理想的追求,不仅表现为对马克思主义的坚持和不动摇,而且还表现在坚定地捍卫马克思主义方面。当社会上出现对马克思主义的歪曲和诋毁时,邓小平总是据理力争,以恢复马克思主义的本来面目。特别是在"什么是社会主义、怎样建设社会主义"这个马克思主义的根本问题上,做出了科学的解释和回答。邓小平指出:社会主义的本质是解放生产力,发展生产力,消灭剥削,消除两极分化,最终达到共同富裕。我们搞的社会主义是有中国特色的社会主义,是不断发展生产力的社会主义,是共同富裕的社会主义,而不是教条的社会主义,也不是"四人帮"鼓吹的贫穷的社会主义。1987年,邓小平在会见西班牙工人社会党副总书记格拉时讲道:"四人帮"鼓吹要人们安于贫穷落后,宁要贫困的社会主义和共产主义,也不要富裕的资本主义,这是错误的。邓小平在回答美国记者华莱士提问时,也表达了同样的观点:没有穷的共产主义。社会主义是共产主义的第一阶段,当然这是一个很长的历史阶段。社会主义时期的主要任务就是发展生产力，使社会的物质财富不断增长，人们生活一天天好起来，为进入共产主义创造物质条件。不能有穷的共产主义，同样不能有穷的社会主义。这是捍卫马克思主义、坚持马克思主义的正确态度。

1979年，当社会上出现了反对四项基本原则、否定社会主义制度的思潮时，邓小平旗帜鲜明地批判了"社会主义不如资本主义"的错误观点，肯定社会主义制度优越于资本主义制度，能最大限度满足人民的物质文化需要，指出当前社会主义中国在经济、技术和文化等方面还不如发达资本主义国家的根本原因，是由于历史上帝国主义侵略和封建主义压迫造成的，明确只有社会主义才能救中国。1983年，针对思想界出现的资产阶级自由化思潮，邓小平明确指出："精神污染的实质是散布形形色色的资产阶级和其他剥削阶级腐朽没落的思想，散布对于社会主义、共产主义事业和对于共产党领导的不信任情绪。"他要求宣传思想战线的同志高举马克思主义和社会主义的旗帜，坚信社会主义和党的领导。当1989年中国政治风云变幻，西方国家对我国采取经济制裁，给我们施加压力，企图搞垮社会主义中国的时候，邓小平坚定地告诉全党：中国的社会主义是变不了的。中国肯定要沿着自己选择的社会主义道路走到底。谁也压不垮我们。只要中国不垮，世界上就有五分之一的人口在坚持社会主义。我们对社会主义的前途充满信心。只要中国的社会主义不倒，社会主义在世界将始终站得住。

邓小平对马克思主义的坚定信念，使他在革命和建设过程中一直勇往直前，这也是他战胜挫折的重要人格力量。

二、科学求实

"在习惯了毛泽东的哲学宏论和形象比喻，以及周恩来儒雅庄重的职业精神之后，面对邓小平言辞辛辣、单刀直入的作风，偶尔犀利反讽的话，不喜欢空谈理论而喜欢着眼于极度实际问题时，我花了相当一段时间才把自己调整过来。"这是美国前国务卿基辛格在多次与邓小平打交道之后的感叹。基辛格认为邓小平的"实事求是作风把中国从走历史捷径的大梦中唤醒，重回必须依据宏图伟略按部就班实现历史的现实世界中"。[①] 邓小平自认为是"实事求是派"，他曾因为坚持实事求是而在政治生涯里遭遇重大挫折，也曾因为坚持实事求是带领中国人民成功推动了改革开放。

1."我是实事求是派"

邓小平说自己既不是保守派，也不是激进派，而是实事求是派。在1992年年初的南方谈话中，他说比较相信毛主席讲的实事求是。实际上，"实事求是"出自中国古代典籍《汉书》。毛泽东结合革命实践的新鲜经验，对实事求是进行了新的解释。毛泽东说："'实事'就是客观存

[①] [美]亨利·基辛格著：《论中国》，中信出版社2012年版，第321页。

在着的一切事物。'是'就是客观事物的内部联系，即规律性，'求'就是我们去研究。我们要从国内外、省内外、区内外的实际情况出发，从中引出其固有的而不是臆造的规律性，即找出周围事物的内部联系，作为我们行动的向导。而要这样做，就须不凭主观想象，不凭一时的热情，不凭死的书本，而凭客观存在的事实。详细地占有材料，在马克思列宁主义一般原理的指导下，从这些材料中引出正确的结论。"[①]毛泽东正是靠实事求是带领中国共产党人成功开辟出一条中国特色革命道路的。邓小平很好地继承和运用了毛泽东的求是思想。

邓小平坚持实事求是地干工作，曾因此受到政治打击。1933年初，中共临时中央政治局迁入中央苏区后，"左"的政策开始在中央苏区得到贯彻。思想偏"左"的领导人反对毛泽东等在苏区所实行的符合实际的政策。他们不但将毛泽东排斥出红军领导岗位，而且对于其他抵制"左"的政策的人大加排挤、打击，他们还派出代表到各苏区贯彻落实"左"的政策。1933年2月，中共福建省委代理书记罗明，由于不赞成"左"的政策，被斥之为犯了右倾机会主义和对革命悲观失望的错误，即所谓"罗明路线"，并受到撤职处分等种种打击。时任江西会昌中心县委书记的邓小平等人坚决贯彻毛泽东的正确主张，面对敌人"围剿"，不拼硬、不搞"堡垒对堡垒"；他们不同意"动员一切经济力量为了战争"的口号，主张主力红军要把打土豪筹款作为自己的主要任务；在土地问题上，他们反对"地主不分田，富农分坏田"的错误主张，坚

[①]《毛泽东选集》第三卷，人民出版社1991年版，第801页。

持执行按照人口平均分配和"抽多补少、抽肥补瘦"的正确政策。正是因为在行动中坚持实事求是，抵制了王明的教条主义错误，邓小平、毛泽覃、谢唯俊、古柏等人受到了"左"倾领导人的批判。他们四人被称之为"江西罗明路线"的"领袖"。他们虽据理力争，但依然在临时中央和中央特派员主持的江西省委工作总结会上，被撤销了职务，还当众缴了枪，被派去基层改造。①随后，邓小平被派到乐安县属的南村当巡视员。到了乐安不足十天，有关领导怕边区不安全，又让邓小平回到省委。这是邓小平政治生涯三落三起的"第一落"。毛泽东在"文革"期间，曾提到邓小平是"毛派的头子"，使得邓小平第二次复出。复出后的邓小平注重"促生产"，大力进行整顿。其间，毛泽东让他对"文革"做个决议，意在要肯定"文革"。邓小平以我是"桃花源中人，不知魏晋，何知有汉"推辞了。毛泽东显然对邓小平的态度不很满意。邓小平这一实事求是的做法与他的第三次被"打倒"有较为密切的关系。

　　邓小平一直坚持实事求是的工作作风。中华人民共和国成立后，他在主政大西南期间，根据西南实际情况采取了很多措施，推动了西南地区发展。正是因为工作成绩突出，才被调到北京工作，且在1956年召开的党的八大上当选为中央政治局常委和中共中央总书记。"大跃进"期间，很多地方出现挨饿现象。有的地方为了填饱肚子，悄悄把地分给老百姓，搞起了变相的"包产到户"。对这一行为，中央有着不同意见。有人认为，包产到户就是走资本主义道路，包产到户容易带来农村的贫

① 毛毛著：《我的父亲邓小平》上卷，中央文献出版社1993年版，第315页。

人格的力量

富分化，还会出现地主和农民的对立。有人则认为，包产到户，把地给农民种，土地还是属于国有的，不仅不会损害国家利益，还能够调动农民积极性，度过饿肚子的困难时期。两种意见争论激烈。对此，邓小平说："生产关系究竟以什么形式为最好，恐怕要采取这样一种态度，就是哪种形式在哪个地方能够比较容易比较快地恢复和发展农业生产，就采取哪种形式；群众愿意采取哪种形式，就应该采取哪种形式，不合法的使它合法起来。这都是些初步的意见，还没有作最后决定，以后可能不算数。刘伯承同志经常讲一句四川话：'黄猫、黑猫，只要捉住老鼠就是好猫。'这是说的打仗。我们之所以能够打败蒋介石，就是不讲老规矩，不按老路子打，一切看情况，打赢算数。现在要恢复农业生产，也要看情况，就是在生产关系上不能完全采取一种固定不变的形式，看用哪种形式能够调动群众的积极性就采用哪种形式。"[1]这段话后来被演绎为"不管黑猫、白猫，抓住老鼠就是好猫"的"猫论"，形象地表达了邓小平的求实精神。20世纪80年代初，有位领导曾问邓小平，对"黑猫白猫"这个说法现在怎么看，邓小平回答："第一，我现在不收回；第二，我是针对当时的情况说的。"[2]

1976年10月6日，"四人帮"被粉碎，"文化大革命"宣告结束。如何收拾残局，如何走出乱局，成为中共面临的重大问题。有的人提出"两个凡是"，即"凡是毛主席做出的决策，我们都坚决维护；凡是毛主

---

[1]《邓小平文选》第一卷，人民出版社1994年版，第323页。
[2] 黄章晋：《"猫论"的由来及背后的故事》，《老人报》2014年3月12日。

席的指示，我们都始终不渝地遵循"。在治国理政上，他们强调"抓纲治国"，实际上还是要走老路。有的则顺应民意，既不走老路，更不走邪路，而是从中国实际出发走出一条新路。邓小平就是其中的代表。他在"文革"期间被打倒两次，思考了很多问题。照老一套干，老百姓也不会答应。因此，在"两个凡是"提出后，邓小平明确表示"两个凡是"不行。他说："这是一个重要的理论问题，是个是否坚持历史唯物主义的问题。彻底的唯物主义，应该像毛泽东同志说的那样对待这个问题。马克思、恩格斯没有说过'凡是'，列宁、斯大林没有说过'凡是'，毛泽东同志自己也没有说过'凡是'。"①在真理标准问题大讨论过程中，邓小平旗帜鲜明地支持实践是检验真理的唯一标准，批评某些人天天高举毛泽东思想，实际上是"假"高举。邓小平还找到当时的中宣部部长，说：不要再下禁令、设禁区了。不要担心，争得好，根子就在"两个凡是"。真理标准问题之所以出现争论，实际上就是"两个凡是"和"实事求是"之争。在邓小平等人支持下，真理标准问题大讨论成为人们破除僵化观念、坚持实事求是的一次精神洗礼，为实现转折、推进改革开放注入了强大的思想动力。

在党的十一届三中全会前召开的长达36天的中央工作会议上，邓小平发表了重要讲话，提出了"解放思想、实事求是、团结一致向前看"的重要思想。他指出："一个党，一个国家，一个民族，如果一切从本本出发，思想僵化，迷信盛行，那它就不能前进，它的生机就停止

---

① 《邓小平文选》第二卷，人民出版社1994年版，第39页。

了，就要亡党亡国。"这阐明了实事求是的极端重要性。

在真理标准问题大讨论产生了巨大效果的情况下，很多人对待毛泽东的评价问题却陷入了非此即彼的零和思维。有的人无比维护毛泽东，把毛泽东视为没有任何错误的伟大领袖，奉为神灵；有的人则恰恰相反。这一不同声音不仅民间有，中共高层也有。而如何对待自己的领导人，在国际共运史上都是一个没有得到很好解决的大问题。斯大林的继任者把斯大林形容为魔鬼，从而对苏共形象产生了极大损害，至今依然无法修复。如何正确评价毛泽东和毛泽东思想，确实考验着中共领导人的智慧。邓小平以高超的政治智慧，坚持历史唯物主义，坚持实事求是，一方面指出伟大领袖也是有错误的，要求领袖不犯错误是不现实的；一方面指出毛泽东是伟大领袖，为党、国家和军队建设都做出了巨大贡献，可是也犯过严重错误，但与伟大成就相比，错误是第二位的，从而较好地处理了毛泽东的功绩与过失的问题。党为此专门召开了十一届六中全会，通过了《关于建国以来党的若干历史问题的决议》，统一了全党对这一重大问题的认识，从而在实事求是的基础上，形成了正确看待毛泽东和毛泽东思想的最大共识。

针对有人议论自己的所谓派别色彩，1987年3月3日，邓小平在会见美国国务卿舒尔茨时表示："国外有些人过去把我看作是改革派，把别人看作是保守派。我是改革派，不错；如果要说坚持四项基本原则是保守派，我又是保守派。所以比较正确地说，我是实事求是派。"[①]

[①]《邓小平文选》第三卷，人民出版社1993年版，第209页。

2. 改革开放的成功"靠实事求是"

邓小平认为中国改革开放之所以能取得成功主要是靠实事求是。他指出："实事求是是马克思主义的精髓。要提倡这个，不要提倡本本。我们改革开放的成功，不是靠本本，而是靠实践，靠实事求是。"[①]

从农村改革来看，不少人以为中国农村改革是一帆风顺的，实际上并非如此。"文革"结束后，中国推动农业发展显然不能再靠盲目"学大寨"了，但如何改革却远远没有达成共识。有的省份为了度荒，悄悄把土地借给农民耕种，变相搞起了包产到户。令决策者十分意外的是，农民的积极性迅速被调动起来。包产到户产生了巨大魔力，粮食产量提高很快。农民从以前的不够吃，很快向"吃得饱"迈进。榜样的力量是无穷的，很多地方开始悄悄搞起包产到户。但是在1978年，标志着改革开放的党的十一届三中全会上，还明确规定"不许分田单干、不许包产到户"。有人甚至认为，把地分给农民是走资本主义道路。直到1982年，在邓小平、胡耀邦等人的支持下，中央制定并发布了关于农业发展的中央一号文件，才逐渐承认了农民包产到户的社会主义性质，后来包产到户的名字定位为"家庭联产承包责任制"。邓小平后来说："对改革开放，一开始就有不同意见，这是正常的。不只是经济特区问题，更大的问题是农村改革，搞农村家庭联产承包，废除人民公社制度。开始的

[①]《邓小平文选》第三卷，人民出版社1993年版，第382页。

人格的力量

时候只有三分之一的省干起来，第二年超过三分之二，第三年才差不多全部跟上，这是就全国范围讲的。开始搞并不踊跃呀，好多人在看。我们的政策就是允许看。允许看，比强制好得多。我们推行三中全会以来的路线、方针、政策，不搞强迫，不搞运动，愿意干就干，干多少是多少，这样慢慢就跟上来了。"[1]邓小平的这番话实际表明，农村改革的成功要尊重农民意愿，用事实说话。农村改革短短几年就取得重大进展。1984年粮食总产量超过了8000亿斤，全国人均粮食超过800斤，比"文革"结束时人均多了200多斤，农民温饱问题基本解决。这时，不同意见渐渐消失。

农村改革取得成功之后，富裕起来的农民开始创业，办起了乡镇企业，广东高要县产生了养鱼大户，安徽芜湖年广久把瓜子卖得风生水起。城市为了解决就业问题，也允许返城知青和待业青年自谋职业，城市里开始出现个体户等经营形式。北京前门大街上卖大碗茶的尹盛喜就是其中的知名代表。这些改革的实践迫切要求中央的理论创新，用传统的社会主义经济理论根本无法解释20世纪80年代的新生事物了。在这种情况下，中央决定把改革重点转向城市。在胡耀邦等人领导下，中央于1984年4月成立了文件起草小组，专门起草以城市为重点的改革方案。1984年10月20日，党的十二届三中全会顺利通过了《中共中央关于经济体制改革的决定》，提出了城市改革的总体方案。邓小平对这次全会和文件给予了高度评价，他说："这次经济体制改革的文件好，就

---

[1]《邓小平文选》第三卷，人民出版社1993年版，第374页。

是揭示了什么是社会主义,有些是我们老祖宗没有说过的话,有些新话。我看讲清楚了。过去,我们不可能写出这样的文件,没有前几年的实践不可能写出这样的文件。写出来,也很不容易通过。会被看作'异端'。我们用自己的实践回答了新情况下出现的一些新问题。不是说四个坚持吗?这是真正坚持社会主义,否则是'四人帮'的'宁要社会主义的草,不要资本主义的苗'。解放思想,我们老同志有这个任务。这次的好处是,中央委员、中央顾问委员会、中央纪律检查委员会三个委员会的同志都赞成这个文件,看到了现在发布这个纲领性文件的必要性和重要性。这是个好的文件。"[1]

推动改革靠实事求是,实行对外开放也靠实事求是。邓小平积极倡导对外开放。他以70多岁的高龄,在"文革"结束之后,不辞辛劳到访日本、朝鲜、新加坡、马来西亚、泰国、美国等国家,访问期间,他就很多重要问题进行了商谈,为中国实施对外开放营造了良好外部环境。这时,党和国家领导人也纷纷出访,"不去不知道,一看吓一跳",他们看到了中西巨大差距,也看到了中国开放的机遇,遂决定实施对外开放政策。1978年、1979年举行的两次中央工作会议上,习仲勋在代表中共广东省委发言时,向中央建议给广东更多的自主权发展经济,并提出选择几个地方试点的意向。[2] 邓小平赞成习仲勋的这一提议,并提出还是叫特区好。他说:"过去我们的陕甘宁就是特区。中央没有钱,你们

---

[1]《邓小平文选》第三卷,人民出版社1993年版,第91页。
[2]《习仲勋传》编委会编:《习仲勋传》(下卷),中央文献出版社2013年版,第443页。

要杀出一条血路来。"在邓小平的支持下，广东、福建先行先试。国务院领导人谷牧带队到广东考察调研，形成了设立经济特区的思路。经过一系列准备，1980年设立了深圳、珠海、厦门、汕头4个经济特区。经济特区主要实行市场化取向的经济政策，市场作用开始显示出巨大的魔力。经济特区经济发展速度很快，但由于以前没搞过，一没有经验，二没有实践，所以刚开始有很多不完善的地方，有的地方走私、贩私现象比较严重。这时，关于经济特区就有了不同的声音，经济特区被影射为近代中国上海的租界，有人说"只有红旗是红的，其他都是白的啦"，有人甚至建议在经济特区周围拉上铁丝网，以免资本主义的东西进来。国务院负责经济特区工作的领导人谷牧曾就此说，"很有点秋风萧瑟的味道"。1982年11月，国务院和有关部门形成了《当前试办经济特区工作中若干问题的纪要》，明确指出："举办经济特区，是我国在新的历史时期贯彻执行对外开放政策的重要措施。"并明确经济特区工作由谷牧负责分管。[①] 这时，经济特区才"柳暗花明"。1984年初，时刻关心对外开放的邓小平到经济特区转了一圈，说特区是他主张办的，过来看看办得怎么样。实际上，这次邓小平到深圳、珠海经济特区来，就是要调查研究，看看特区搞得怎么样。在他的眼里，"时间就是金钱，效率就是生命"的口号特别振奋人心，特区建设和发展一片生机勃勃。因此，邓小平为深圳、珠海经济特区题词"深圳的经验表明，我们对外开放的政策是正确的"，"珠海特区好"。这是对经济特区发展的强有力的支持。邓

---

① 《谷牧回忆录》，中央文献出版社2009年版，第366页。

小平回京后，在会见胡耀邦等中央领导人时说："对外开放的政策要放而不是收，还要考虑开放海南岛的问题。"1984年5月，党中央、国务院决定把大连、秦皇岛、青岛、北海等14个沿海港口城市确定为开放城市，实行市场取向政策。邓小平决定加大对外开放步伐，是在实地调研的基础上得出来的。与坐在办公室里非议经济特区的人不同，他经过实地考察，实事求是地表示经济特区发展效果是好的。

正是这种求实的态度、务实的作风，使得邓小平能不失时机地果断提出改革开放的任务，推动中国改革开放不断走向成功。

3. 毛主席犯的有些错误"我也有份"

邓小平的求实精神不仅体现在着力推进改革开放等重大问题上，他对自己也坚持实事求是地自我批评，尤其是对自己的评价也遵循求实态度，体现出政治家的宽广胸襟。

我们党探索建设社会主义过程中曾出现过重大失误。如1958年开始的"大跃进"运动，使得全国陷入亢奋状态，脱离实际的口号、"卫星"不断放出。在社会主义建设进程中，邓小平还是比较清醒的。1957年10月，他在一个讲话中说：搞建设并不是一件容易的事，它比搞革命要困难得多，在这方面我们还没有多大的本事。所以，要把我们这么一个贫穷落后的国家建设成为社会主义的先进的工业国家，需要长期的刻苦的努力，需要在相当长的时间里一心一意地搞经济建设。如果不一心一意，不好好学习，不总结经验，我们也会在建设问题上栽跟头。他强调：什么时候都要从我们国家的实际出发。但"大跃进"显然没有从国家的实际出发。当大炼钢铁运动在全国铺开的时候，邓小平正在广西视察，看着那些小土炉炼出来的所谓钢铁，曾经在法国钢铁厂干过这一工作的邓小平很不满意。在毛泽东的带领下，邓小平与刘少奇、周恩来等一起展开对国民经济的调整工作，为挽回"大跃进"造成的损失、恢复国民经济做出了巨大努力。

尽管对"大跃进"运动内心是不赞成的，但是，在后来总结这段历史的时候，邓小平还是勇于承担责任，多次强调自己也犯过错误，在这段历史上也是负有责任的。1980年8月，邓小平答意大利记者奥琳埃娜·拉法奇提问时说道："错误是从50年代后期开始的。比如说，'大跃进'是不正确的。这个责任不仅是毛主席一个人的，我们这些人脑子都发热了……"1980年4月1日，邓小平在同中央负责同志谈话时，又一次对"大跃进"承担责任。他说："'大跃进'，毛泽东同志头脑发热，我们不发热？刘少奇同志、周恩来同志和我都没有反对，陈云同志没有说话。在这些问题上要公正，不要造成一种印象，别的人都正确，只有一个人犯错误。这不符合事实。中央犯错误，不是一个人负责，是集体负责。在这些方面，要运用马列主义结合我们的实际进行分析，有所贡献，有所发展。"邓小平对"大跃进"运动的总结，反映了他的求实态度和对历史负责的可贵品质。

邓小平对自己的评价也比较务实。1980年8月21日、23日，邓小平会见意大利记者奥琳埃娜·法拉奇时两次说到："我自己能够对半开

第五章　邓小平的人格风范

就不错了。但有一点可以讲，我一生问心无愧。你一定要记下我的话，我是犯了不少错误的，包括毛泽东同志犯的有些错误，我也有份，只是可以说，也是好心犯的错误。不犯错误的人没有。"1984年3月25日，邓小平会见日本首相中曾根康弘时说："粉碎'四人帮'以后，我出来工作，从1977年到现在是7年，我相信没有犯大错误。但究竟怎样，让历史去评价吧！"

邓小平特别注重给年轻人腾出空间。他认为，人老了，就要下来，以免犯糊涂。他有次讲话时说："我们这些老人关键是不管事，让新上来的人放手干，看着现在的同志成熟起来。老年人自觉让位，在旁边可以帮助一下，但不要作障碍人的事。对于办得不妥当的事，也要好心好意地帮，要注意下一代接班人的培养。我坚持退下来，就是不要在老年的时候犯错误。老年人有长处，但也有很大的弱点，老年人容易固执，因此老年人也要有点自觉性。越老越不要最后犯错误，越老越要谦虚一点。"[①] 在1984年10月22日中顾委的会议上，邓小平说："我的工作方法是尽量少做工作。它的好处就是：第一，可以多活几岁。第二，让年轻一些的同志多做工作，他们精力充沛，比我做得更好。我希望逐步过渡到完全不做工作但身体还是好的，那样我就完成任务了。"

邓小平不仅说，而且实做。他在20世纪80年代，多次强调要提拔年轻人。邓小平在1980年8月18日的讲话中指出："多年来，我们没有在坚持四项基本原则的前提下，大胆提拔和放手使用比较年轻的有专

[①] 《邓小平文选》第三卷，人民出版社1993年版，第381页。

人格的力量

业知识又有实际经验的人才。在'文化大革命'期间，我们的大批干部遭到林彪、'四人帮'的迫害，干部工作遭到严重破坏。这就造成了现在各级领导人员普遍老化的状况。人才问题，主要是个组织路线问题。很多新的人才需要培养，但是目前的主要任务，是善于发现、提拔以至大胆破格提拔中青年优秀干部。这是国家现代化建设事业客观存在的迫切需要，并不是一些老同志心血来潮提出的问题。"要"打破那些关于台阶的过时的观念，创造一些适合新形势新任务的台阶，这样才能大胆破格提拔。而且不管新式老式的台阶，总不能老是停留在嘴巴上说。一定要真正把优秀的中青年干部提拔上来，快点提拔上来。提拔干部不能太急，但是太慢了也要误现代化建设的大事。现在就已经误了不少啊！"[1]1986年，邓小平提出，党的十三大领导干部年轻化的目标要前进一步，并指出"哪一天中国出现一大批三四十岁的优秀的政治家、经济管理家、军事家、外交家就好了"[2]。按照这一精神，党的十三大人事安排的一个重要原则是，十二届中央委员和候补中央委员中，年龄在66岁以上（含66岁）的，一般不再提名。选举产生的中央委员和候补中央委员平均年龄55.2岁，比上届平均年龄降低3.9岁；有大专以上学历的达209人，占73.3%，比上届提高17.9%；有高级技术职称的专家57人，占20%，比上届提高6%；有150名十二届中央委员和候补中央委员没有进入十三届中央委员会。这使得中央决策机构更具朝气和活力。如果

---

[1]《邓小平文选》第二卷，人民出版社1994年版，第324页。
[2]《邓小平文选》第三卷，人民出版社1993年版，第179页。

没有邓小平的务实，干部年轻化不会取得如此重大的成就。

1989年6月16日，邓小平说过："国际上好多国家把对华政策放在我是不是病倒了或者死去了上面。我多年来就意识到这个问题。一个国家的命运建立在一两个人的声望上面，是很不健康的，是很危险的。不出事没问题，一出事就不可收拾。"这是很务实的态度，因此，邓小平在1989年就坚决退休了。他放心了。

可以说，求实精神是我们今天向邓小平人格风范学习的最重要和最突出的方面。当今中国进入了社会加速转型时期，我们必须从中国的实际出发，制定契合中国国情的方针政策。这能从邓小平求实态度中获得启发。邓小平在南方谈话时曾说："对我们的国家要爱，要让我们的国家发达起来。"① 这句充满感情色彩和正能量的话，触动了我们的心灵。我们如何爱我们的国家呢？其中很重要的一点就是要以务实的精神，扎扎实实干事，让我们的国家和民族更加富强振兴，人民生活更加幸福美好。

三、独立自主

坚持独立自主是邓小平人格风范的重要内容。邓小平坚持独立自主最大的表现就是继承发展毛泽东的独立自主思想，坚持走自己的路。毛泽东时代，中国人在社会主义建设上就想走自己的路。邓小平时代，在

---

① 《邓小平文选》第三卷，人民出版社1993年版，第378页。

人格的力量

准确把握国情基础上，始终坚持独立自主，成功开辟出一条中国道路。

中国道路来之不易，是中国放低身段、从实际出发的结果。以务实著称的邓小平在接见外宾或出国访问时，都敢于揭短亮丑，承认中国落后。因为认清实际是前进的基础，只有承认落后才能认清现实。邓小平在"文革"结束后，以务实心态在各种场合大胆讲中国落后，以激起人们的奋斗劲头。1978年9月12日，邓小平在同朝鲜领导人金日成会谈时就提出："最近我们的同志出去看了一下，越看越感到我们落后。什么叫现代化？50年代一个样，60年代不一样了，70年代就更不一样了。"9月16日，邓小平指出，现在摆在我们面前的问题，关键还是实事求是、理论与实际相结合、一切从实际出发。这是政治问题，是思想问题，也是我们实现四个现代化的现实问题。一切从实际出发，我们的事业才有希望。

1978年9月16日，邓小平在长春听取中共吉林省委常委汇报工作时发表讲话，他说："现在在世界上我们算贫困的国家，就是在第三世界，我们也属于比较不发达的那部分。我们是社会主义国家，社会主义制度优越性的根本表现，就是能够允许社会生产力以旧社会所没有的速度迅速发展，使人民不断增长的物质文化生活需要能够逐步得到满足。按照历史唯物主义的观点来讲，正确的政治领导的成果，归根结底要表现在社会生产力的发展上，人民物质文化生活的改善上。如果在一个很长的历史时期内，社会主义国家生产力发展的速度比资本主义国家慢，还谈什么优越性？我们要想一想，我们给人民究竟做了多少事情呢？我们一定要根据现在的有利条件加速发展生产力，使人民的物质生活好一些，使人民的文化生活、精神面貌好一些。"邓小平在1978年10月访日期间，在一次谈话时还提出："首先必须承认自己落后。本来很丑，就不应该表现得像美人一样。"

正是在这样的基础上，邓小平对什么是社会主义给出了他自己的看法。1978年9月，邓小平在视察鞍钢时提出："社会主义要表现出它的优越性，哪能像现在这样，搞了二十多年还这么穷，那要社会主义干什么？"后来，邓小平指出："搞社会主义，一定要使生产力发达，贫穷不是社会主义。我们坚持社会主义，要建设对资本主义具有优越性的社会主义，首先必须摆脱贫穷。现在虽说我们也在搞社会主义，但事实不够格。只有到了下世纪中叶，达到中等发达国家的水平，才能说真的搞了社会主义。"显然，这里的"不够格"是与马克思所设想的建立在高度物质发达基础之上的社会主义相比的。

既然中国的社会主义是不够格的社会主义，那么就不一定拘泥于马克思原来对社会主义建设的设想，就要求执政者从实际出发，来制定相关政策。毛泽东早在1956年就提出来要走自己的道路，但遗憾的是没有成功探索出一条社会主义建设道路。邓小平接过接力棒继续探索中国社会主义建设之路。

如何向全国人民说清楚不够格的社会主义呢？1977年10月，邓小平第三次复出不久就指出："人们都说中国是个大国，其实只有两点大，一是人口多，二是地方大。就发展水平来说，是个小国，顶多也是个中小国家，连中等国家都算不上。"1979年9月，叶剑英在《在庆祝中华

人格的力量

人民共和国三十周年大会上的讲话》中明确指出：中国的社会主义制度"还不完善，经济和文化还不发达"，"还处在幼年时期"，"在我国实现现代化，必然要有一个由初级到高级的过程"。

在党的重要文献中，1981年6月举行的党的十一届六中全会通过的《关于建国以来党的若干历史问题的决议》，首次提出了"我国的社会主义制度还是处在初级的阶段"。1982年召开的党的十二大进一步提出"我国的社会主义社会还处在初级发展阶段"，并指出这个阶段的根本特征是"物质文明还不发达"。

随着全面改革的展开，我们党对于社会主义初级阶段问题的认识逐步深化，党的十二届三中全会制定的《中共中央关于经济体制改革的决定》中指出："商品经济发展的不可逾越的阶段，是实现我国经济现代化的必要条件。"党的十二届六中全会通过的《中共中央关于社会主义精神文明建设指导方针的决议》，以社会主义初级阶段为立论依据，论述了精神文明建设的战略地位和根本任务等问题。

1987年召开的党的十三大，第一次系统地论述了社会主义初级阶段的问题：我国的社会主义社会又是不完善、不成熟的社会主义，也就是初级阶段的社会主义。报告从我国的人口多、底子薄的实际情况，生产力状况，经济发展不平衡，普遍的科学文化水平、生产社会化和商品经济发展的程度，以及意识形态领域中旧思想和旧习惯的存在，说明了"今天仍然远没有超出社会主义初级阶段"。报告指出：我国社会主义的初级阶段，"是逐步摆脱贫穷、摆脱落后的阶段；是由农业人口占多数的手工劳动为基础的农业国，逐步变为非农产业人口占多数的现代化的工业国的阶段；是由自然经济半自然经济占很大比重，变为商品经济高度发达的阶段；是通过改革和探索，建立和发展充满活力的社会主义经济、政治、文化体制的阶段；是全民奋起，艰苦创业，实现中华民族伟大复兴的阶段"。这"五个阶段"是初级阶段的五项任务，它们是有机地统一在一起的。初级阶段的主要矛盾"是人民日益增长的物质文化需要同落后的社会生产之间的矛盾"。为解决这个主要矛盾，"就必须大力发展商品经济，提高劳动生产率，逐步实现工业、农业、国防和科学技术的现代化，并且为此而改革生产关系和上层建筑中不适应生产力发展的部分"。报告指出这是建设有中国特色社会主义的首要问题，并以此为立论基础，论述了中国共产党在现阶段的基本路线和改革、建设的基本纲领，初步形成了中国社会主义初级阶段的理论。

正是在准确把握中国所处阶段的基础上，在党的十二大开幕式上，邓小平明确提出了独立自主、走自己的路的光辉思想。他指出："我们的现代化建设，必须从中国的实际出发。无论是革命还是建设，都要注意学习和借鉴外国经验。但是照抄照搬别国经验、别国模式，从来不能得到成功。这方面，我们有过不少教训，把马克思主义的普遍真理同我国的具体实际结合起来，走自己的道路，建设有中国特色的社会主义，这就是我们总结长期历史经验得出的基本结论。"他还说："中国的事情要按照中国的情况来办，要依靠中国人民自己的力量来办。独立自主、自力更生，无论过去、现在和将来，都是我们的立足点。"正是因为坚持从中国实际出发，独立自主，邓小平才带领中国人民积极推进了富有中国特色的农村改革、城市改革，推动了中国对外开放，使得中国的面貌焕然一新。

面对发展中的不少难题，不像有的人故意回避问题、粉饰太平，邓小平显示出难得的清醒。1993年9月16日，他在和自己的弟弟邓垦聊天时说："十二亿人口怎样实现富裕，富裕起来以后财富怎样分配，这都是大问题。题目已经出来了，解决这个问题比解决发展起来的问题还困难。""我看我们的事业很有希望，我们国家大有希望，我们民族大有希望。中国人能干，但是问题也会越来越多，越来越复杂，随时都会出现新问题。比如刚才讲的分配问题。少部分人获得那么多财富，大多数人没有，这样发展下去总有一天要出问题。""这个问题要解决。过去我们讲先发展起来，现在看，发展起来以后的问题不比不发展时少。"[1]这一番话，既表达了对过去成绩的肯定，也透露出很强的忧患意识，表明了自己的态度。

四、勇于开拓

美国前国务卿基辛格认为："毛泽东治理国家靠的是中国人民的耐受力，他们要承受他的个人愿景带给他们的苦楚；邓小平则仰赖解放中国人民的创造力。"实际上邓小平就是一位勇于开拓、敢于创新、敢闯

---

[1] 中共中央文献研究室编：《邓小平年谱（1975—1997）》（下），中共文献出版社2004年版，第1363页。

新路，具有丰富创造力的大国领袖。

改革开放初期，邓小平就向全党说："在党内和人民群众中，肯动脑筋、肯想问题的人愈多，对我们的事业就愈有利。干革命、搞建设，都要有一批勇于思考、勇于探索、勇于创新的闯将。没有这样一大批闯将，我们就无法摆脱贫穷落后的状况，就无法赶上更谈不到超过国际先进水平。"他以88岁高龄视察南方时再次强调：改革开放胆子要大一些，敢于试验，不能像小脚女人一样。看准了的，就大胆地试，大胆地闯。深圳的重要经验就是敢闯。没有一点闯的精神，没有一点"冒"的精神，没有一股气呀、劲呀，就走不出一条好路，走不出一条新路，就干不出新的事业。不冒点风险，办什么事情都有百分之百的把握，万无一失，谁敢说这样的话？一开始就自以为是，认为百分之百正确，没那么回事，我就从来没有那么认为。这一段话是他治国理政经验的体现，也是他自身风范的真实写照。

纵观改革开放以来的历史，改革开放的成果都是在和旧事物、旧观念的斗争中获得的，中国道路也是在勇于开拓中走出来的。邓小平的勇于开拓体现在改革开放史上的"四大突破"。每一次重大突破都和邓小平坚决坚定的开拓勇气、敢闯新路的精神是分不开的。

第一次，破除政社合一的农村人民公社体制，农村改革率先取得突破。新时期改革首先在农村获得突破。为了吃饱肚子渡过难关，包括安徽、四川、内蒙古等在内的部分省份的农民，悄然搞起了包干到户。安徽、四川等省份的农村改革得到了邓小平的支持。1980年9月，中央召开省市自治区第一书记座谈会，会议纪要指出，允许边远山区和贫困地区实行包产到户。1982年1月，中央一号文件明确指出，包产到户、包干到户是社会主义集体经济的生产责任制。此后，家庭联产承包责任制在全国普遍推开。基于农村经济体制的变革，1983年，中央和国务院决定，实行政社分开，建立乡镇政府，废除人民公社制度。到1984年，年产粮食超过8000亿斤，基本解决了农民的温饱问题。所以，1984年国庆阅兵时有一个"家庭联产承包好"的大型花车。邓小平1992年时说："农村改革初期，安徽出了个'傻子瓜子'问题。当时许多人不舒服，说他赚了一百万，主张动他。我说不能动，一动人们就会说政策变了，得不偿失。像这一类的问题还有不少，如果处理不当，就很容易动摇我们的方针，影响改革的全局。城乡改革的基本政策，一定要长期保持稳定。当然，随着实践的发展，该完善的完善，该修补的修补，但总的要坚定不移。即使没有新的主意也可以，就是不要变，不要使人们感到政策变了。有了这一条，中国就大有希望。"

第二次，对外开放取得重大突破，设置了经济特区，开放了14个沿海港口城市。1979年4月的中央工作会议上，广东省领导习仲勋给中央建议，能否让广东利用自己毗邻港澳的优势，给点特殊政策，先行一步。中央高度重视这个意见，5月份，派谷牧率人到广东、福建两省考察。习仲勋亲自到火车站迎接谷牧一行，为中央调研团提供了翔实的数据。中央当年就出台五十号文件，决定给予广东、福建两省的对外经济活动特殊政策和优惠措施。1980年5月，中央决定在广东的深圳、珠海、汕头和福建的厦门设置经济特区。新生事物的出现必然会产生新的矛盾。与农村改革一样,兴办经济特区的决策也受到一些怀疑,伴随着对外开放的很多重大事件的发生,甚至被扣上姓"资"的帽子。1992年,邓小平说:"改革开放迈不开步子,不敢闯,说来说去就是怕资本主义的东西多了,走了资本主义道路。要害是姓'资'还是姓'社'的问题。判断的标准,应该主要看是否有利于发展社会主义社会的生产力,是否有利于增强社会主义国家的综合国力,是否有利于提高人民的生活水平。对办特区,从一开始就有不同意见,担心是不是搞资本主义。深圳的建设成就,明确回答了那些有这样那样担心的人。特区姓'社'不姓'资'。"他还说:"从深圳的情况看,公有制是主体,外商投资只占四分之一,就是外资部分,我们还可以从税收、劳务等方面得到益处嘛!多搞点'三资'企业,不要怕。只要我们头脑清醒,就不怕。我们有优势,有国营大中型企业,有乡镇企业,更重要的是政权在我们手里。有的人认为,多一分外资,就多一分资本主义,'三资'企业多了,就是资本主义的东西多了,就是发展了资本主义,这些人连基本常识都没有。我国现阶段的'三资'企业,按照现行的法规政策,外商总是要赚一些钱。但是,国家还要拿回税收,工人还要拿回工资,我们还可以学习技术和管理,还可以得到信息、打开市场。"因此,"三资"企业受到我国整个政治、经济条件的制约,是社会主义经济的有益补充,归根到底是有利于社会主义的。此后,对外开放又迈出一大步。

第三次,基本经济制度变革取得重大突破,初步形成了以公有制为主体、多种所有制形式和多种经营方式并存的格局。"文化大革命"结束后，全国1000多万知识青年回城，需要安排工作。城市中也有大量待业劳动力需要安排。面对巨大的就业压力，中央提出了广开门路、搞活经济的主张。在国家统筹规划和指导下，按照劳动部门介绍就业、自愿组织起来就业和自谋职业相结合的方针来解决这个问题。广大知青和待业劳动者八仙过海各显神通。此后，集体经济、个体经济得到迅速发展，逐步形成了以公有制为主体、多种所有制形式和多种经营方式并存，以按劳分配为主体、多种分配形式并存的格局。在此过程中，党对非公有制经济存在和发展的重要性的认识也得到了深化。乡镇企业异军突起，给中央一个意外的惊喜。1987年时，全国有乡镇企业1750多万家，产值4764亿元，占农村社会总产值的50.4%，从业人员8805万人。随之兴起一大批小城镇，仅1983年到1986年就增加了7750个，逐步改变了城乡分布格局。对此，邓小平说，农村改革中"完全没有预料到的最大的收获，就是乡镇企业发展起来了"。

第四次，经济体制改革取得重大突破，提出了社会主义商品经济理论，并走上了社会主义市场经济之路。1980年，中央成立了国务院体制改革办公室。9月份，体改办交出了一个方案，把社会主义经济定性为商品经济。1981年6月，党的十一届六中全会通过的《关于建国以来党的若干历史问题的决议》指出：必须在公有制基础上实行计划经济，同时发挥市场调节的辅助作用。要大力发展社会主义的商品生产和商品交换。但1981年底经济形势不好，通货膨胀严重，有人就说这是主张商品经济带来的。商品经济论受到批判。随着改革开放实践的扩大,中央决定在十二届三中全会上通过一个改革文件,为此专门成立了起草组,中间为了推进改革还调整了起草组班子。1984年10月,党的十二届三中全会通过的《中共中央关于经济体制改革的决定》进一步提出:"要突破把计划经济同商品经济对立起来的传统观念,明确认识社会主义计划经济必须自觉依据和运用价值规律,是在公有制基础上的有计划的商品经济。"邓小平对此文件有高度评价。经过几年的实践,1987年10月,党的十三大报告有针对性地明确提出:"计划和市场的作用都是覆盖全社会的。新的经济运行机制,总体上来说应当是'国家调节市场,市场引导企业'的机制。"参加起草的龚育之同志说,这距离市场经济的提法就差一层窗户纸了。这实际上明确了经济体制改革的目标。1992年,邓小平说:计划多一点还是市场多一点,不是社会主义与资本主义的本质区别。计划经济不等于社会主义,资本主义也有计划;市场经济不等于资本主义,社会主义也有市场。计划和市场都是经济手段。社会主义的本质,是解放生产力,发展生产力,消灭剥削,消除两极分化,最终达到共同富裕。就是要对大家讲这个道理。证券、股市,这些东西究竟好不好?有没有危险?是不是资本主义独有的东西?社会主义能不能用?"允许看,但要坚决地试。看对了,搞一两年对了,放开;错了,纠正,关了就是了。关,也可以快关,也可以慢关,也可以留一点尾巴。怕什么,坚持这种态度就不要紧,就不会犯大错误。总之,社会主义要赢得与资本主义相比较的优势,就必须大胆吸收和借鉴人类社会创造的一切文明成果，吸收和借鉴当今世界各国包括资本主义发达国家的一切反映现代社会化生产规律的先进经营方式、管理方法。"这些都渗透着敢闯敢干的开拓精神。

按照邓小平的指示精神，党的十四大提出经济体制改革的目标是建立社会主义市场经济。党的十七大在总结改革开放过程时明确提出，从计划经济到市场经济的转变是一次历史性转变。美国前国务卿基辛格在《论中国》一书中认为：中国成为今日的经济超级大国应归功于邓小平，因为他履行了作为一个领导人的最终职责——让社会呈现了崭新面貌。社会依赖一般行为标准来运作，靠沿袭旧制来维持——但要有富有远见的领导才得以进步。这样的领导人知道该做什么，同时还有勇气看准就干。

五、严守纪律

纪律严明是党的优良传统。邓小平作为老一代无产阶级革命家，他的纪律意识特别强，对执行纪律也特别看重。严守纪律是邓小平人格风范的重要内容。

革命年代，纪律严不严直接关乎革命事业的成败。国民党丢掉大陆，与其军队纪律不严有很大关系。解放战争期间孟良崮战役中，国民党名将张灵甫之所以兵败阵亡，和国民党部分军队将领不听招呼、不守纪律，故意拖延前往支援的时间，从而贻误战机，有很大关系。反观，共产党就特别强调纪律,强调步调一致。邓小平认为:"军队非讲纪律不可,纪律松弛是不行的。……我们这个军队,历来强调一切行动听指挥,强调自觉遵守革命纪律。不这样,我们能够战胜比我们强大得多的敌人吗?能够保证党对军队的绝对领导、贯彻执行党的路线和政策吗?能够加速我军革命化现代化建设吗?"[①]

邓小平特别看重纪律的执行。1948年10月,中原野战军第九纵队攻克郑州后的一天,爱看戏的秦基伟司令员把工作安排妥当后,换上便衣,悄悄地寻到一家剧院,自己掏钱买了一张票,看豫剧演出去了。谁知刚落座,中原军区政委邓小平就打电话找他。司令部值班参谋如实汇报:"秦司令看戏去了。"邓小平一听就火了,二话不说,通报批评。多年后,秦基伟在回忆录中写道,他对这次批评心服口服:"小平同志这一手很厉害,矫枉必过正,敲山可震虎,在非常时期,尤其需要这样。"对守纪律的人,邓小平也是不吝表扬。亲历跃进大别山的老战士许世昌回忆说:"参军到部队后,第一首歌就学唱《三大纪律八项注意》。指导员常说,当八路军要有三个肚子:一个是能吃饱,二是能受饿,三是能受气。"他说,部队刚到大别山,群众有很深的怀疑情绪,"我们每到一地宿营,老百姓都锁门上山了,我们就住在院外及街道上。到后来,老百姓了解到解放军是自己的亲人,也就下山回家了"。谈到行军中的珍贵记忆,许老提到了他和邓小平的一面之缘。那是在一次夜行军途中休

[①] 《加强纪律性走向统一》(1948年9月8日),《邓小平军事文集》第二卷,军事科学出版社、中央文献出版社2004年版,第130页。

息时，为防止马啃食稻田秧苗，他就地把战马拴在腿上睡着了。这时从山上下来一位首长把他喊醒。那位首长面带笑容地问："小鬼，你是守纪律的好同志。你是哪个单位的？叫什么？多大啦？"他一一向首长做了回答。过后方知，他就是军队首长——邓小平政委。

邓小平对他人要求严，对自己要求也很严，执行纪律很坚决。刘邓大军千里跃进大别山，听起来十分浪漫，真实过程十分艰苦，但是邓小平却严格执行了中央的指示和精神。邓小平后来回忆说：毛主席打了个极秘密的电报给我们，写的是陕北"甚为困难"。当时，我们二话没说，立即复电，半个月后行动，跃进到敌人后方去，直出大别山。实际上不到十天，就开始行动。那时搞无后方作战，困难是可想而知啊。北方人到南方，真不容易，果然一过淮河，好多人拉肚子。

革命年代，毛泽东为了解情况，要求前线指挥员或领导人定期向中央汇报工作。向上级报告后来渐渐变成了党的一条重要纪律。对此，邓小平执行得力，定期向毛泽东汇报地方情况，还受到毛泽东多次表扬。毛泽东曾说过一句话："看邓小平的报告好像吃冰糖葫芦。"这句话生动形象地表现了毛泽东对邓小平所写的报告的喜爱。他在对邓小平报告的批示中，经常有"此报很好""内容极好""极可宝贵""非常好"之类的赞语。1944年7月，毛泽东给七个地方的中央局或中央分局负责人发了一封电报，列举了"请予电复"的10个问题，内容涉及各抗日根据地工作的各方面内容。此举既有调查研究、集思广益之意，也可起到观察、考量领导干部的作用。时任北方局代理书记的邓小平在报告中逐条回复。12月9日，毛泽东在报告上批示："此报很好，请转发平原、山东、华中、湖北、东江各处。"25日，他又致电邓小平："关于十个问题的答复早已收到，内容极好。除抄给此间许多同志阅读外，并转发各地参考。我完全同意你们的路线，望坚持贯彻下去。"邓小平的复电700余字，分10条列出，恰好对应毛泽东的10个问题，毛泽东问得具体、明确，邓小平答复得简洁、清楚。例如，毛泽东就抗日统一战线政策的执行问题，询问道："对于党外人士的团结、'三三制'的推行是否生长了一种'左'的现象？……同时，右的现象是些什么？"邓小平答复："减租、减息、简政和反奸以来，对团结党外人士，发生了一些'左'的偏向。"接着提出，"调整办法是：开生产运动、生产劳动等会时，请参议员和一些经营生产好的士绅参加。……党内整风，克服宗派主义，讨论统一领导和'三三制'政策的运用。"又例如，对于毛泽东提出的大生产运动后的人民负担和军民生活问题，邓小平的回答是："估计太行只能减轻人民负担百分之十。今年收成不坏，人民负担能力尚无问题。军队生活，现在比大灾荒时期略好。"寥寥数语，直奔主题，毫无赘言，读来十分畅快。

  1948年1月，为了适应解放战争形势的迅速发展，中共中央发出《关于建立报告制度》的指示，规定各中央局和分局由书记负责，自己动手每两个月向中央和中央主席做一次综合报告。邓小平时任中原局书记，带领晋冀鲁豫野战军在大别山区刚站住脚，战斗环境紧张而艰险，但他严格执行了这一指示。从那时起直到1952年调任中央工作，除特

人格的力量

殊情况向中央申明原因外，他坚持约两个月向中央写一次书面报告。毛泽东曾表扬说："书记在前线亦是可以做报告的，邓小平同志在大别山那样紧张的环境亦做了几次很好的报告。"中共中央关于《一九四八年的土地改革和整党工作》的指示出台前，毛泽东曾多次同各大区的领导同志包括邓小平交换意见，了解情况，吸收他们的思想。对当时新解放区的工作，邓小平提出了许多重要见解，为毛泽东所采纳。他的这些见解，都是以报告的形式送到毛泽东手中的。1948年1月，毛泽东询问邓小平有关新解放区的各项政策问题，邓小平数电答复，令毛泽东十分满意。如：1948年2月17日，毛泽东批转邓小平《新区土改政策之补充意见》的按语中说："小平所述大别山经验极可宝贵，望各地各军采纳应用。"3月14日，毛泽东又批转了邓小平3月8日给中央的书面报告，说："小平同志的这些负责的自我检讨是非常好的，有了这样的自我检讨，就有使广大干部逐步学会党的策略观点和政策观点的可能。"批语中还指出：要求你们做综合报告，"就是要求你们将这种策略与政策的规定、策略与政策在实行后的结果及根据这种结果而做出的你们的自我检讨（这些就是你们日常工作的主要工作）向我们做报告"。中华人民共和国成立初期，邓小平主政西南时，他所写的综合报告和请示，也得到毛泽东的称赞，有不少还被中央转发给其他地方做参考。

邓小平政治生涯中"三落三起"，无论是落还是起，他都注意遵守党的纪律。"文化大革命"是全国的一场浩劫，邓小平也认为最痛苦的时期是"文化大革命"时期。当时邓小平并没有怨天尤人，而是默默服从党的安排，来到江西南昌郊区的拖拉机厂，重新干起了他的老本行"钳工"。他通过写信的方式，与党中央、毛泽东取得经常性联系。1969年5月3日，邓小平在给毛泽东的信中说："九大开过了，不知是否已到处理我的问题的时候，对此，我完全静候党的决定。"①1971年11月8日，邓小平在给毛泽东的信中说："我到江西来整整两年了，由于组织上的照顾，没有什么困难。我个人没有什么要求，只希望有一天还能为党做点工作。我们身体还好，还可以做几年工作再退休。"② 由此可以看出，在那种艰难的情况下，邓小平的纪律观念依然非常强。

在江西南昌下放劳动期间，邓小平在拖拉机厂工作既很守时又很守纪律。据涂宗礼（当时担任邓小平所在修理小组组长）回忆，1969年10月到1973年初，邓小平、卓琳夫妇下放江西新建县的拖拉机修造厂劳动。邓小平来之前，厂里开了会，要求员工严格保密。拖拉机修造厂负责人罗朋，原来就是刘邓大军的一员战将，"文革"时才被弄到新建拖拉机修造厂工作。为了邓小平能在这里安心劳动，他布置了保卫工作，并且借着搞大扫除的名目，把厂区原来与邓小平有关的"文革"标语洗掉了。"1969年10月下旬的一个上午，邓小平、卓琳第一次来到工厂。当领导把邓小平安排在我的小组时，我是很紧张的。但没过多久我就发现，他虽然很少说话，但和蔼可亲。不管刮风下雨，他每天都坚持准时上下班，进门时笑眯眯地用四川话给大家打招呼：早上好！下班又

---

① 《毛泽东年谱（1949—1976）》第六卷，中央文献出版社2013年版，第249页。
② 《毛泽东年谱（1949—1976）》第六卷，中央文献出版社2013年版，第416页。

是一句：明天见。""考虑到邓小平夫妇年纪大了，车间主任陶端缙安排邓小平在机修班用柴油洗零件，卓琳则在电工班拆、洗线圈。但后来发现，洗零件需要不断地蹲下和起身，小平当时已经65岁了，蹲下和起身都比较费劲。而且，整天跟柴油打交道，小平的手开始过敏，皮肤上经常起疙瘩。陶端缙和我商量建议给邓小平换个工种，问他愿不愿意干点钳工活。邓小平笑着说：要得！要得！我年轻时在法国勤工俭学时，学过钳工，如今就算'重操旧业'吧！从此，他站在'台钳桌'边，手中不离锉、锯、榔头、老虎钳，一干就是三年多。令我们大伙惊讶的是，邓小平手法熟练，技艺精湛。凡经他修整过的机器零件，没有不合格的。当时我们对比过，邓小平相当于四级钳工！邓小平烟瘾很大，但当年在车间劳动时，他从不抽烟。夏天，厂领导提出给他专门准备一把小风扇，被他拒绝了。而工友们专门为他修的简易休息间，他一次也没有去住过。1970年的一天，邓小平正在车间劳动时突然晕倒过去。卓琳清楚邓小平的身体情况，知道这肯定是由低血糖引起的。她问大家：'谁家有白糖？他喝点糖水就没事了。'女职工程红杏一听，忙说：'我家有。我去拿来。'说罢匆匆跑到家里，端来一碗白糖水。果然，邓小平喝下卓琳喂的糖水后，渐渐苏醒过来。随后，车间安排了一辆拖拉机，将小平夫妇送回住处——南昌步兵学校。几天后，小平夫妇又来上班了，卓琳还带上一大包白糖给程红杏，并笑着说：'我们有三大纪律八项注意，借了东西要还。'"邓小平的低调、平和、严谨赢得了大家的尊重。

邓小平认为，一个党如果允许它的党员完全按个人的意愿自由发表言论，自由行动，这个党当然就不可能有统一的意志，不可能有战斗力，党的任务就不可能顺利实现。所以，要坚持和改善党的领导，必须严格地维护党的纪律，极大地加强纪律性。"各级组织、每个党员都要按照党章的规定，一切行动服从上级组织的决定，尤其是必须同党中央保持政治上的一致。这一点在现在特别重要。谁要违反这一点，谁就要受到党的纪律的处分。"

针对经济改革中出现的问题，邓小平多次强调纪律的重要性。他说："共产党员一定要严格遵守党的纪律。无论是不是党员，都要遵守国家的法律，对于共产党员来说，党的纪律里就包括这一条。遵守纪律的最高标准，是真正维护和坚决执行党的政策，国家的政策。"[①] 所以，纪律，我们务必时刻牢记在心。

邓小平对身边的人要求也很严格，家风家教很好。他对孩子从不娇惯。孩子们小学全是上寄宿学校，每星期自己乘公共汽车往返于远在郊区的学校和中南海的家。上中学都是骑自行车。邓小平的大女儿邓林在接受记者采访时就说："父亲对我们的要求是国家法律不能侵犯，我们家的孩子要守法，要谨慎，名不要出得太大，要夹着尾巴做人，不能干出格的事。"邓林还说，爸爸是个无私的人。因为无私，他才坚强，无论什么挫折、痛苦都不能把他打倒；因为无私，他才勇敢，敢于实事求是。

---

①《邓小平文选》第三卷，人民出版社 1993 年版，第 112 页。

第六章
陈云的人格风范

　　陈云是伟大的无产阶级革命家、政治家，杰出的马克思主义者，党和国家久经考验的领导人，社会主义经济建设的开创者和奠基人。他作为两代中央领导集体的重要成员之一，在长达70多年的革命生涯中，在祖国的大江南北都战斗过和工作过，他的人格中既有北方大漠坚强、硬朗的一面，同时也有江南水乡柔韧、乐观的一面。这些独特的经历，形成了陈云独特的人格风范。

第六章 陈云的人格风范

一、矢志不渝坚守信仰的精神

对马克思主义、共产主义的信仰，对社会主义的信念，是共产党人精神上的"钙"。没有理想信念，理想信念不坚定，精神上就会得"软骨病"，就会在风雨面前东摇西摆。无论处于顺境还是逆境，陈云始终坚守对马克思主义、共产主义的信仰不动摇。

1925年，陈云在商务印书馆做图书发行工作的时候，受到一些工人积极分子的影响，积极参与了商务印书馆工人的罢工运动。商务印书馆的这场罢工斗争，是五卅运动后思想觉醒的职工为争取自身经济要求和政治要求进行的抗争。罢工胜利后不久，在1925年八九月间，陈云由董亦湘、恽雨棠两人介绍，加入了中国共产党。这是陈云思想和人生的一个重大转变。从此以后，他为中国共产党和中国人民的解放事业和社会主义事业整整奋斗了70年，贡献出了自己毕生的精力。

陈云后来回忆说："当时之加入共产党最大的原因是大革命的潮流的影响，同时生活上眼见做了五年学徒，还是每月只赚七元钱的工资，罢工以后，就接近了党了。但当时入党时有个很重要的条件把三民主义看了，把列宁主义概论和马克思主义浅说都详细地看了，那时的确了解了必须要改造社会，才能解放人类。这个思想对于我影响很大。""我自觉入党时经过考虑，而且入党以后，自己觉得此身已非昔比，今后不是做'成家立业'的一套，而要专干革命。这个人生观上的改革，对于我以后有极大的帮助。"他回忆自己的经历时还说过："做店员的人，有家庭负担的人，常常在每个重要关头，个人利益与党的利益有冲突时，要不止一次地在脑筋中、思想上发生矛盾。而这种矛盾的克服，必须赖于革命理论与思想，去克服个人利益的思想。比如，当我在参加革命后，资本家威胁我时，我想到吃饭问题会发生危险，但立即又想到：怕什么？手足健全的人到处去得，可以到黄埔军校，可以卖大饼油条，只要立志革命，不怕没饭吃，归根结底，只有推翻现在社会制度以后，才大家有饭吃。"

人生观的改变，标志着陈云开始转变成为一名信仰坚定的无产阶级革命者。他对自己选定的共产主义信仰笃信终生。他说："一个愿意献身共产主义事业的共产党员，不仅应该为党在各个时期的具体任务而奋斗，而且应该确定自己为共产主义的实现而奋斗到底的革命的人生观。"要"终其一生，为他的信仰的实现而奋斗到底"。他是这样说的，也是这样做的。历史证明，陈云就是这种不断为党的各个时期具体任务而奋斗，同时心中始终悬着共产主义远大目标的共产党人。无论是在白色恐怖下做秘密工作，还是在根据地过艰苦生活；无论是单独执行特殊使命，还是身居重要领导职务；无论是处于顺境，还是遇到逆境，他一直脚踏实地地为着共产主义事业而奋斗。

延安时期，陈云担任中共中央组织部长，一个重要的任务就是大量发展党员。但是陈云也敏锐地意识到了大量发展党员带来的问题，党员人数增加了，党员的成分和思想状况很自然地也比过去变得更为复杂。陈云曾指出："这些新党员极大部分是散漫的小资产阶级的成分。他们为追求真理，愿意为共产主义奋斗，加入了共产党，我们欢迎他们。但是他们之中的许多人还带着浓厚的非无产阶级的思想和习惯。"面对这种情况，陈云非常注重对党员进行教育，特别是理想信念的教育。

1938年5月30日，陈云写了一篇《怎样做一个共产党员》的文章，提到了共产党员的六条标准，其中第一条就是"终身为共产主义奋斗"。他指出："每个共产党员不仅要坚信共产主义的必然实现，而且必须对于工人阶级和中国人民、中华民族的解放事业，有不怕牺牲、不怕困难和奋斗到底的决心。"这既是他对广大干部的教导，也是他坚守共产主义理想信念的表现。

改革开放以后，随着市场经济的活跃，一些党员领导干部理想信念淡漠，在他们中间出现了以权谋私的现象。甚至有些人提出"共产主义遥遥无期"。据当时担任陈云秘书的朱佳木回忆，有一次陈云和他谈到当时个别同志提出的"共产主义遥遥无期"的观点。陈云说："这个观点是不对的，应当说，共产主义遥遥有期，社会主义就是共产主义的第一阶段嘛。"他还针对当时海外有的人要求我们党改名的问题，对朱佳木说："共产党的名字表明了她的奋斗目标，改名字怎么能行！延安时期，就有人提过让共产党改名的建议，毛主席说：'什么名字好？国民党的名字最好！可惜人家已经用了。'"

人格的力量

改革开放后，有些人出国转了几天，回来便鼓吹中国不如外国，社会主义不如资本主义。陈云对此十分反感，他说，有些人看见外国的摩天大楼、高速公路等，以为中国就不如外国，社会主义就不如资本主义，马克思主义就不灵了。对于这些人我们要批评教育；对其中做意识形态工作的同志，经过教育不改的，要调动他们的工作。

1983年6月，陈云在一次会议的书面发言中，提醒共产党员决不能忘记自己进行的是社会主义事业，不能失去社会主义和共产主义理想。他的话说得很重："我们干的事业是社会主义事业，最终目的是实现共产主义。这一点，非常重要。……任何一个共产党员，每时每刻都必须牢记，我们是搞社会主义的四个现代化，不是搞别的现代化，我们进行的事业，是社会主义事业"。他还特别强调"要同一切违反共产主义理想的错误言行进行坚决斗争"。

还有一件事，也很能说明陈云始终不忘共产主义远大目标。在1983年党的十二届二中全会之前，主持中央日常工作的同志希望陈云届时能做一个讲话。陈云考虑要着重强调一下执政党的党风问题。当时，他从简报上看到，有些农村党员集训，除了给伙食补贴之外，还要发误工费，甚至有的党员不给钱就不去开会。他说："这在党执政以前是不可想象的。解放前，同样在农村，支援战争，运送弹药、伤兵，非但没有误工补贴，而且常常因此而受伤或死亡。相比之下，现在这些误工补贴能算合理吗？拿误工补贴的共产党员应该想一想，这样做是不是合乎一个共产党员的标准？共产党员的标准是不惜牺牲自己的生命为共产主义而奋斗终生。我看一切集训、开会要钱的人，不能成为共产党员。"

1983年10月12日，陈云在党的十二届二中全会上作了讲话。他告诫全党："对于利用职权谋私利的人，如果不给以严厉的打击，对这股歪风如果不加制止，或制止不力，就会败坏党的风气，使党丧失民心。所以我说过，执政党的党风问题是有关党的生死存亡的问题。"在讲话即将结束的时候，陈云强调说：中国现在还很穷，但我们是社会主义国家，我们的根本制度比资本主义优越得多。资本主义必然要被共产主义所代替，这是无可改变的法则。我们可以充满信心，高呼"社会主义万岁！共产主义万岁！"陈云用"两个万岁"结束他的讲话，给与会人员留下了深刻的印象。大家为陈云这样坚定的理想信念所感染、所打动。

由于有关改革开放的一系列相应的法规制度一时跟不上，加上党内出现了只注重物质文明建设而忽视精神文明建设和思想政治工作的现象，个别领导干部甚至鼓吹"一切向钱看"的理论，造成一部分人钻改革开放的空子，种种买空卖空、倒买倒卖、行贿受贿、走私贩私、弄虚作假、敲诈勒索的丑事、坏事都出现了。针对这种情况，陈云在中纪委六次全会上发表了一篇书面讲话，指出："对外开放，引进国外先进技术和经营管理经验，为我国社会主义建设所用，是完全正确的，要坚持。但同时要看到，对外开放，不可避免地会有资本主义腐朽思想和作风的侵入。这对我们社会主义事业，是直接的危害。如果我们各级党委，我们的党员特别是老干部，对此有清醒的认识，高度的警惕，有针对性地进行以共产主义思想为核心的教育，那么资本主义思想的侵入并不可怕。我们相信，马克思主义、共产主义的真理，一定会战胜资本主义腐朽思想和作风的侵蚀。"他号召："要动员和组织全党和社会的力量，以除恶务尽的精神，同这种现象进行坚决的斗争。""无论是谁违反党纪、政纪，都要坚决按党纪、政纪处理；违反法律的，要建议依法处理。各级纪委必须按此原则办事，否则就是失职。"

对共产主义的信念，来源于马克思主义对人类社会发展规律的科学揭示。因此，陈云一向重视和提倡党员特别是党员干部要读一些马列的著作。1983年下半年，中央决定进行为期三年的整党，有关部门拟了一个整党的学习文件目录。他看后说："这个目录中没有马列的书，应当选几篇进去。比如，《共产党宣言》《社会主义从空想到科学的发展》《在马克思墓前的讲话》《帝国主义是资本主义的最高阶段》等，还有毛主席的《中国革命战争的战略问题》《论持久战》。"有的同志说，马列的书太长。他说："可以搞摘要，还可以把我的文章减去几篇，只留一两篇就行了（当时书目上列了五篇陈云的文章）。这不是谦虚，我们的东西都是从马列那里来的。"后来，中央就此做出决定，在整党完成后组织党员干部学习马克思主义的一些基本著作。

能否坚定共产主义的理想信念，是与对资本主义本质的认识联系在一起的。20世纪80年代，有人认为新的科技革命改变了资本主义的本质，资本主义有了不断自我更新的机制，因此，列宁的帝国主义论已经过时了。这种观点引起陈云的高度关注。1989年，他同一位中央负责人谈话时尖锐地指出：列宁论帝国主义的五个特征和侵略别国、互相争霸的本质，并没有过时，认为过时的观点是完全错误的，非常有害的。他在历数了从 1917 年至 20 世纪 70 年代末帝国主义战争和无产阶级革命的主要史实后说："从历史事实看，帝国主义的侵略、渗透，过去主要是'武'的，后来'文''武'并用，现在'文'的（包括政治的、经济的和文化的）突出起来，特别是对社会主义国家搞所谓的'和平演变'。"几乎与此同时，邓小平也讲了类似的看法。他在同李政道先生的谈话中说："美国现在有一种提法：打一场无硝烟的世界大战。我们要警惕。资本主义是想最终战胜社会主义，过去拿武器，用原子弹、氢弹，遭到世界人民的反对，现在搞'和平演变'。"

理想信念是共产党人精神上的"钙"。陈云始终牢记共产主义的远大目标，对共产主义崇高理想无限忠诚。今天，我们更应该坚守共产党人的精神家园，把改造客观世界和改造主观世界结合起来，切实解决好世界观、人生观、价值观问题，练就共产党人的钢筋铁骨，筑牢坚守信仰的铜墙铁壁，矢志不渝为中国特色社会主义共同理想而奋斗。

二、实事求是的求实作风

陈云一贯脚踏实地，实事求是。"不唯上，不唯书，只唯实"，这是陈云常写的一句话。他还常说："要讲真理，不要讲面子。""如果一切从面子出发，那看问题就会掺杂个人得失，立场就会不正，问题就看不清楚，结果一定害人害己。越怕丢脸，一定丢脸；越不怕丢脸，可能不丢脸。"纵观陈云的革命生涯,无不体现着他求实的伟大品格。陈云1925年入党,之后无论是担任县委书记还是党和国家领导人,无论是在白色恐怖笼罩的地下工作,还是在艰难困苦的革命根据地;无论是参加险阻重重的万里长征,还是领导东北战场的革命斗争;无论是在顺境;还是在逆境中,都能始终践行实事求是的思想原则,这是他一生最突出的品质和特点。

1956年,随着中央对农业、手工业和资本主义工商业社会主义改造的完成,我国进入了社会主义社会。1956年,党的八大的召开,标志着我们党在探索中国自己建设社会主义的道路上迈开了步子。在党的八大的筹备过程中,陈云和周恩来对当时制订的远景计划、1956年国民经济计划和国家预算以及第二个五年计划建议编制过程中出现的高指标,进行了多次纠正。党的八大形成了既反保守又反冒进、在综合平衡中稳步前进的经济建设方针。

1957年1月18日,陈云在省、直辖市、自治区党委书记会议上发表了关于建设规模要和国力相适应的讲话。他对各地的冒进倾向进行了毫不客气的批评。当时担任上海市副市长的宋季文回忆:"1957年,我向他汇报上海财经工作时,提出上海还缺一些建设物资,请中央帮助解决。他说:'为什么要搞那么多项目呢?与财力、物力不平衡呀。那样搞,是不能持久的,非要搞得头破血流不可。'之后,我们调整了计划。"

但是经过1957年的反右派斗争,毛泽东在党的八届三中全会上改变了党的八大对中国社会主要矛盾的正确提法，并对反冒进提出批评。毛泽东说："无产阶级和资产阶级的矛盾，社会主义道路和资本主义道路的矛盾，毫无疑问，这是当前我国社会的主要矛盾。"他还把建设速度上的防止和反对急躁冒进同阶级斗争、右倾挂起钩来。他在批评反冒进的同时，提出要加快建设的速度。党的八届三中全会的召开以及毛泽东在会上的讲话，拉开了批评反冒进的序幕。他号召加快建设速度，一个月后"大跃进"和"超过英国"的口号出台，拉开了"大跃进"的序幕。对于毛泽东在党的八届三中全会上批评反冒进的问题，陈云在两个多月中一直保持沉默，依然坚持综合平衡思想。

1958年1月11日至22日，在南宁召开了有部分中央负责人和九省二市党委书记参加的会议。南宁会议自一开始气氛就很紧张。当时担任周恩来秘书的顾明回忆："1958年1月召开的南宁会议，对于1956年的反冒进，进行了严厉的批评。"毛泽东对反冒进的严厉批评，直接指向周恩来。而他批评综合平衡的思想，显然是针对陈云的。但是此时陈云因为生病没来参会，周恩来作了检讨，承担了全部责任。

南宁会议结束后，参加会议的一些同志陆续将会议的情况向陈云做了通报，陈云随后进行了检讨。但是后来的历史证明，批评反冒进带来了"大跃进"和党内政治生活的不正常化。党的八大二次会议以后，以片面追求工农业生产和建设的高速度为主要标志的"大跃进"运动，在全国范围内从各方面开展起来。起初，陈云也是从积极的方面去看待和支持"大跃进"和人民公社化运动的。这既是为了维护中共中央和毛泽东的权威，和中央的决策保持一致，也是基于希望我国的工农业生产和建设发展得更快一些。毕竟"大跃进"的错误有一个逐步发展和逐步暴露的过程，人们对它也有个在实践中逐步认识的过程。

党的八大二次会议以后，中共中央政治局扩大会议确定1958年钢铁产量目标是850万吨。1958年6月29日晚上，毛泽东在北京中南海游泳池召集一些中央负责人开会，冶金工业部部长王鹤寿也参加了。毛泽东问他："钢产量去年是530（万吨），今年可不可以翻一番？为什么不能翻一番？"王鹤寿回答说："好吧，布置一下看。"

陈云对于这样的高指标是有怀疑的。王鹤寿后来回忆说，对他关于1958年钢产量可以在1957年基础上翻一番的回答，"陈云不以为然，说：'你怎么这么轻率！这是一件比较重要的事情'。陈云赞成'大跃进'，但是不赞成过高指标"。陈云对1070万吨的钢铁指标，开始是有怀疑的，但到中央正式做出决定后，他就努力执行中央的决定。

1958年为1070万吨钢铁而奋斗，全民炼钢，破坏了国民经济的合理比例关系。这时，毛泽东对"大跃进"中的高指标和浮夸风等弊端也开始有所察觉，他提出"这次会议要唱低调"，"把空气压缩一下"，"胡琴不要拉得太紧，太紧了，有断弦的危险"。在这样"压缩空气"的氛围下，紧接着在武昌举行的党的八届六中全会确定将1959年的钢铁产量由2700万吨至3000万吨降为1800万吨，但确定的1959年的煤炭、粮食、棉花产量指标仍然居高不下。

陈云在党的八届六中全会期间，不仅不赞成煤炭、粮食、棉花三

第六章　陈云的人格风范

大指标居高不下，而且认为钢产量指标由 2700 万吨降为 1800 万吨仍然降得不够。在胡乔木起草党的八届六中全会会议公报的时候，陈云曾经建议，是不是粮食、棉花、钢铁、煤炭四大指标都暂时不要说，再看一看。胡乔木后来回忆说："1959 年的几大生产指标都定得很高。陈云同志主张不要在公报上公布，要我向毛主席报告，我不敢去向毛主席报告陈云同志的意见。我认为，全会已经开过了，全都定好了，大家一致同意，讲了很多话，人都散了，不在报上公布，这同当时的势头很难适应。"①

1959 年新年伊始，国家生活中暴露出来的种种困难，使陈云同毛泽东、周恩来、邓小平等领导人都在思考党的八届六中全会公布的钢铁、粮食、棉花、煤炭四大计划指标究竟能不能完成。1959 年 1 月上旬，周恩来去广东之前交代陈云，要他摸一下 1959 年的计划的底。在一次中央书记处会议上，邓小平也要陈云参加国家计划委员会对 1959 年计划的讨论。陈云在参加国家计委对 1959 年计划的讨论时，听取了各方面的汇报，初步摸了一下情况，认为 1959 年的生产计划难以实现，钢铁产量要完成 1800 万吨也是有问题的。

据当时在国家计委工作的宋平回忆："1959 年春，在一次国务院领导和有关部门负责人开会讨论钢铁生产指标的会议上，我根据矿石、煤炭、运输、设备等实际情况，讲了自己的看法，认为当年要完成 1800 万吨钢铁生产指标有困难。话虽然讲了，但思想压力很大。会散了，走

---

① 张金才：《中共建党逢十纪念活动中的胡乔木》，《党史博览》2011 年第 7 期。

到门口，陈云同志拍着我的肩膀说：'质量！质量！'我领悟到，在当时条件下，光讲产量，不讲质量，高指标降不下来。""陈云同志比较冷静，对各地的浮夸风保持警惕，不赞成搞高指标。"

1959年1月18日，毛泽东找到陈云、彭德怀、李富春、李先念、薄一波、谭震林谈经济问题，陈云向毛泽东直抒己见。他说："1800万吨好钢是不是能够完成？恐怕有点问题。"在当时那种普遍过热的气氛中，能够毫不含糊地提出这样的意见是很不容易的。

1959年3月下旬至4月上旬，在上海先后举行中共中央政治局扩大会议和党的八届七中全会，陈云出席了这两个会议。这时毛泽东已经感到八届六中全会确定的1959年计划指标仍然过高。为了扭转这种情况，毛泽东在会上作了关于工作方法问题的讲话，提出要"多谋善断"，"多听人家的不同意见"。在讲到1月中旬陈云同他的谈话时，毛泽东称赞陈云是很勇敢的。他说："陈云同志表示了非常正确的态度。他讲两个问题：一、从前每年工业生产有百分之八十五依靠上一年建设成功的工厂来生产，百分之十五依靠新的（当年建设的工厂叫新的，当年以前建设的叫旧的）。1959年变了，我们武昌会议搞的要有百分之三十是依靠新的，只有百分之七十是依靠旧的。讲了这么一个真理，他反映了这么一件事。二、今年武昌那个规模，今年的生产计划难于完成。他这个人是很勇敢的，犯错误也勇敢，坚持真理也勇敢。我听了这个话，我就说，那拉倒。甚至这个总路线究竟正确不正确，我还得观察。"

毛泽东还称赞陈云不赞成八届六中全会公报中公布四大指标，他说：" 在武昌发表 1959 年粮、棉、钢、煤的数字问题上，正确的就是他一个人。""一月上旬，也是他正确。""陈云同志一月上旬的话很有一些同志抵触，我就赏识。""我看这个同志还是经验比较多一点。"在毛泽东的支持下，陈云两次提出降低指标的意见终于得到了重视。《一九五九年国民经济计划草案》，对党的八届六中全会拟定的指标作了一些调整，钢产量确定为 1800 万吨，其中好钢为 1650 万吨，实际上把钢的生产指标降低到了 1650 万吨。

"大跃进"是在激烈批评反冒进的气氛中发动起来的。"大跃进"之初，陈云因为反冒进而做了多次检讨。作为一个革命家，他真诚地希望中国早日富强起来，但是当他敏锐地意识到"大跃进"的一系列错误的时候，他不顾再次被批评的可能，最早提出降低生产指标和保证质量的主张。他受到毛泽东"真理在这一个人手里"的赞扬。1959 年庐山会议之前，毛泽东在同王任重的谈话中说："国难思良将，家贫思贤妻。陈云同志对经济工作是比较有研究的，让陈云同志来主管计划工作、财经工作比较好。"这是毛泽东对陈云所做的又一次重要评价，也是对陈云实事求是精神的肯定和赞扬。

1962 年初，中央为了扭转"大跃进"和三年困难时期造成的国民经济失调、农业减产、财政赤字、通货膨胀、商品紧缺等困难局面，动员全党清醒认识形势，制定调整方针，在北京召开了扩大的中央工作会议（七千人大会）。在讨论会议文件时，陈云对形势已经度过"最困难的时期"的估计持有疑义，他本着自己一向"不唯上、不唯书、只唯实"的原则未加附议。甚至当刘少奇、周恩来、朱德等几位党的副主席和邓小平总书记讲话以后，毛泽东指名要他做大会发言，他都以调查研究尚未结束为由而婉言谢绝。

陈云坚持原则、实事求是的精神，深得周恩来的赞赏。七千人大会以后，邓颖超向周恩来问起此事，周恩来回答："陈云同志对每一件事，没有调查清楚之前，从不轻易讲话的。如对人民公社化、'大跃进'、大炼钢铁等，没有讲过赞成的话。"

"文化大革命"结束后，1977年3月，中共中央在京西宾馆召开工作会议。陈云参加了这次会议，1977年3月13日上午，他参加了西南组的讨论，并做了书面发言。陈云在书面发言中高度评价了粉碎"四人帮"的重大意义。同时，他还在提交会议的书面发言中讲出了他人想讲而又不敢讲的话，即要求为天安门事件平反和主张邓小平重新参加中共中央的领导工作。关于天安门事件，他说："我对天安门事件的看法：一、当时绝大多数群众是为了悼念周总理。二、尤其关心周恩来同志逝世后党的接班人是谁。三、至于混在群众中的坏人是极少数。四、需要查一查'四人帮'是否插手，是否有诡计。"关于邓小平受到的错误处分，他斩钉截铁地肯定："邓小平同志与天安门事件是无关的。为了中国革命和中国共产党的需要，听说中央有些同志提出让邓小平同志重新参加党中央的领导工作，是完全正确完全必要的，我完全拥护。"由于当时主持中共中央工作的主要领导人坚持"两个凡是"的错误方针，致使陈云这篇书面发言未能在会议简报上刊出。当会议工作人员奉命要求陈云修改这篇书面发言时，遭到了陈云的拒绝。尽管如此，其发言内容不胫而走，对于后来平反冤假错案起了政治动员作用。

1977年9月9日，毛泽东逝世一周年。许多老同志纷纷发表讲话或者撰写纪念文章。28日，《人民日报》头版发表了陈云的文章《坚持实事求是的革命作风》。文章针对"两个凡是"的错误方针，明确地把实事求是提高到思想路线的高度。在文章中，陈云指出："实事求是，这不是一个普通的作风问题，这是马克思唯物主义的根本思想路线问题。我们要坚持马克思列宁主义，坚持毛泽东思想，就必须坚持实事求是。如果我们离开了实事求是的革命作风，那么，我们就离开了马列主义、毛泽东思想，而成为脱离实际的唯心主义者，那么，我们的革命工作就要陷于失败。所以，是否坚持实事求是的革命作风，实际上是区别真假马列主义、真假毛泽东思想的根本标志。"

1978年11月召开的中央工作会议，原定讨论经济和农业问题，而陈云在东北组的发言却超越这项议题，提出一些敏感的政治问题，建议中央"考虑和决定"。这些历史遗留的"影响大或者涉及面很广的问题"主要是：①薄一波等六十一人所谓叛徒集团案；②对于那些在"文化大革命"中被错误定为叛徒的同志应给以复查，如果并未发现有新的真凭实据的叛党行为，应当恢复他们的党籍；③陶铸同志、王鹤寿同志等是在南京陆军监狱坚持不进反省院，直到七七抗战后由我们党向国民党要出来的一批党员；④彭德怀同志是担负过党和军队重要工作的共产党员，对党贡献很大，他的骨灰应该放到八宝山革命公墓；⑤天安门事件是北京几百万人悼念周总理、反对"四人帮"、不同意批邓小平同志的一次伟大的群众运动，中央应该肯定；⑥康生在"文化大革命"中随便点名，对中央各部和全国各地造成党政机关瘫痪状态负有重大责任，错误严重，中央应在适当的会议上给以应有的批评。这篇石破天惊的发言，引起了与会者的强烈共鸣，为解放思想、拨乱反正开了先河。

对实事求是，陈云践行了一生，依靠调查研究做决策是陈云坚持实事求是的思想方法和工作方法。他脚踏实地，反对虚夸浮躁、急功近利。纵观陈云的一生，他都能够从实际出发，"不唯书、不唯上、只唯实"，用自己的实际行动践行党的实事求是的思想路线，是全党学习的楷模。我们今天也应该把实事求是贯穿到各项工作中去，经常、广泛、深入地开展调查研究，努力把真实情况掌握得更多一些，把客观规律认识得更透一些。

三、甘当小学生的好学精神

在中国共产党的领袖当中，陈云与其他领袖有着一个共同的特点，那就是与书有着不解之缘。他的革命事业是从商务印书馆这个出书的地方开始的。他自幼贫寒，单论文凭只是小学毕业，但后来他的实际文化水平早已经是教授级别。他嗜书如命，但又绝不拘泥于书本，而是把书本知识和实践相结合。

第六章 陈云的人格风范

陈云一生当中，在填写各种登记表的时候，在"文化程度"一栏总是填上"小学"二字。陈云作为党和国家的卓越领导人，其实际的文化水平当然不是他所填写的"小学"水准，说他的文化水平早已经达到了名牌大学的教授级别一点也不夸张。但陈云为什么在各种登记表的"文化程度"一栏总为自己填上"小学"二字呢？

陈云家境贫寒，1919年夏天，陈云以优异的成绩从颜安高等小学毕业，再也没有进入中学读书，这就是陈云为什么总是说自己是小学毕业生的原因。他后来回忆说："我在章练塘的高等小学毕业（民国八年，那时已十五岁），毕业后当然无力升学，即在家里等了半年，是年冬才赴上海商务印书馆当学徒。"滴水之恩当以涌泉相报，1986年9月，80多岁的陈云已经很少题字，在得知母校希望他题写校名的时候，他十分爽快地答应了下来，欣然挥毫题名。

失去学习的机会对陈云来说是一件非常痛苦的事情，并且当时也没有什么就业机会。此时颜安高等小学老师张行恭的出现帮助陈云走出了人生的重要一步。1919年秋季开学后，张行恭到各个毕业生家中走访，了解到有的同学考取了松江和青浦县的中学，有的就业了，"独其最优秀的廖陈云同学，株守在家"。张行恭老师非常喜欢聪明好学的陈云，为了让陈云不至于完全失去学习的机会，他通过自己在商务印书馆工作的弟弟，把陈云介绍到了商务印书馆工作。

在商务印书馆的学徒生活是艰苦的，但是对陈云这样一个有志青年来说却是很有收获的。陈云充分利用商务印书馆图书特别丰富的条件，如饥似渴地看书，接受新知识，常常读到深夜，经年累月从不间断。商务印书馆本身也很重视职工的教育，在当时上海火车北站华兴路职工集体宿舍附近设立了"上海图书学校"，为员工业余教授英文、图书分类知识以及书刊出版、印刷的有关知识。陈云参加了进修班的学习，内容有英文、练习大小楷毛笔字等。

陈云在自传中回忆说："我应该说在商务期间，对我在文化上的得益很大，全部'童话''旧小说''少年丛书'都看了，有时也可翻翻杂志。同时我自信也是很用功的一个人，练字、上夜校（商务办的）、读英文。当时商务发行所的主任和高级职员认为我是克勤克俭（只穿布鞋、布袜）而求上进的一人，在他们心目中我将来在商务很可被他们看中的一个。"

在党的主要领导人中，陈云的学历最低，但他的知识面非常广，眼界也非常开阔，在关键时刻往往能够发表独到的见解和发挥重要的作用，这同他在商务印书馆期间的勤奋读书是分不开的。1982年，商务印书馆建馆85周年时，陈云满怀深情地写下了这样的题词："商务印书馆是我在那里当过学徒、店员，也进行过阶级斗争的地方。应该说商务印书馆在解放前是中国的一个很重要的文化教育事业单位。"

陈云在商务印书馆期间还接受了进步思想的影响，1925年正式加入了中国共产党。从此，陈云便将自己的一生、自己的一切交给了党，交给了人民。从1919年至1927年，在商务印书馆的7年间，陈云完成了从一个学徒、店员到一名无产阶级革命者的转变。此后在艰苦的革命生涯中，虽然很少有大段集中的时间进行学习，但是陈云从未间断过读书、学习，正如他自己曾经意味深长地说："我永远都是小学生。"一个学习阶段的结束，只是意味着一个新的学习阶段的开始。这一观念，陈云终生未变。后来陈云在担任中央组织部部长期间，提出党员的六条标准之一就是学习。

读书学习的最终目的是把所学的知识用于实践，在这一方面陈云可谓是学用结合的典范。他依靠自己打下的深厚文化知识基础，用生动的文笔描述了红军长征的过程，成为第一个向世人介绍长征的人；他担任中组部部长期间，潜心研究党的建设工作，成为党建工作的行家里手；他还是新中国经济工作的主要领导者，是经济方面的大专家……

中国工农红军的长征是世人广泛关注的一件事情。以往大家都认为美国记者埃德加·斯诺是红军长征的最早宣传者，其实不然，红军长征的最早宣传者是陈云。

自中央红军第五次反"围剿"失败后被迫开始长征，蒋介石便向国内外视听大肆吹嘘他的"剿匪"功绩，说红军已经完全"溃败"，只剩下极少数人在"逃窜"。许多不明真相的人们信以为真，遭受蒙蔽。为了戳穿蒋介石的谎言，使中国人民和世界人民了解中国革命的实际情况和红军长征的真相，1935年秋天，陈云在莫斯科写了《随军西行见闻录》，于翌年春天，公开发表在法国巴黎华侨组织主办的《全民月刊》上，同年7月在苏联莫斯科出版了单行本。而埃德加·斯诺直到1936年7月才到陕北采访了毛泽东等中共领袖们。

人格的力量

在《随军西行见闻录》中，陈云署名"廉臣"。据称，这位"廉臣"先生是一位国民党部队的军医，"服务于南京军者4年，前年随南京军59师于江西东黄陂之役，被俘于红军。被俘之初，自思决无生还之望，但自被押解至赤色区域之后方瑞金后，因我系军医，押于赤军卫生部，赤军卫生部长贺诚亲自谈话。当时因赤军军中军医甚少，他们要我在赤军医院服务，并称愿照59师之月薪，且每月还可寄回60元安家费，亦曾得着家母回信按月收到。自此以后，我几次被遣至石城之赤军预备医院，时而调回瑞金之卫生部。"

陈云这样做可以从中间立场来反映红军长征历史，从比较国民党与共产党的作为中，宣传共产党得民心的事实，从而攻破国民党污蔑共产党和红军的谎言，又可以以一个在国共两党中工作过的人员的身份，在日本帝国主义入侵、国难当头的情况下，呼吁国共再度合作抗日。这样既有利于向世界上不同观点的人宣传，也便于此文在国民党统治区广泛流传。

中华人民共和国成立后，《随军西行见闻录》多次被各种研究和宣传红军长征的书刊摘录和转载，但人们始终不知道作者"廉臣"就是中共赫赫有名的领导人陈云。直到1985年1月纪念遵义会议50周年的时候，中共中央理论刊物《红旗》杂志才第一次说明"廉臣"是陈云的笔名，并以作者陈云的名字公开发表了《随军西行见闻录》的全文。

陈云利用自己所学的文化知识，向世界很好地宣传了工农红军的长征，在学用结合方面做出了表率。不单单如此，在延安时期，陈云作为中共中央组织部部长，也一度兼任中央党校的校长。陈云频繁接到各单位的盛情邀请，希望他能前去做报告，特别是关于党的建设的内容。陈云认真琢磨党的建设工作，通过不断学习，成为党建工作的行家里手，在学用结合方面再度成为了楷模。

中共中央高度重视人才的培养，因此当时延安设立的院校不少，既有像抗大、延安公学这样综合性质的，也有像中国女子大学、行政学院这样专业性质的。陈云就经常到各校去，紧密结合思想、工作和学习实际讲授党建原理，教育同志怎样为共产主义奋斗终生，怎样全心全意为人民服务。他的课深入浅出，有理论、有实践，因此极受学员的欢迎。

当时应邀向学员们做报告的不少，他们各有特点。像王明、博古讲课，"一、二、三"与"1、2、3"，虽然便于当堂做记录，形式却显得死板，再加上只是在黑板上罗列出一条条原理，台下的人觉得索然寡味。而陈云授课有自己独特的风格，作家丁玲回忆说，陈云讲"党的建设"，每次都用最实际、最生动的实例印证理论、分析问题，说理清楚、语言生动、态度亲切。在丁玲看来，要做到这一点，既需要有真知灼见，又要能够从现实的、复杂的实际生活中准确地抓住关键性的环节来剖析。在讲课中，陈云头脑清楚、思维敏捷，声望极高而又平易近人，这给丁玲留下了极深的印象。

在陈云作报告的听众中，既有众多来自大城市的青年大学生，也有回国参加抗战的知识分子和各类专业人才。他们通过陈云的讲课和课下面对面的交流，感到他"看问题看得透，抓得准。既有理论分析，又有

人格的力量

实际经验"。陈云渊博的学识和丰富的经验，再加上清秀的外表，令好奇心重的同志，特别是刚刚从敌占区过来的同志总是禁不住悄悄地向人打听，"陈教授"是从哪所大学毕业的。熟悉陈云的同志告诉他们，陈部长在家乡小学毕业后就投身革命事业，现在所讲的都是他经过多年的革命实践、坚持不懈的理论学习和勤奋思考形成的，他并非哪个大学的"教授"。询问的同志听完介绍，望着讲台上的陈云仍久久不敢相信，心中暗暗钦佩不已。

除此之外，这一时期陈云还著述甚丰。工作中的许多文件、报告、电报甚至社论都是陈云亲自起草的，像中央制定的《关于吸收知识分子的决定》就由陈云代为起草。他个人的讲话、发言稿更是自己动手，从不让其他同志代劳。凡事坚持自己动手，决不轻易劳动他人是陈云工作一贯的作风。即使到了晚年，由于身体日渐虚弱，部分文稿虽然由秘书根据他的意思先行起草，但定稿时他总要逐字逐句地推敲修改。

在延安期间，从1938年到1945年，陈云共发表重要文章25篇，如《论干部政策》《怎样做一个共产党员》《党的支部》《学会领导方法》《要讲真理，不要讲面子》等。其中《怎样做一个共产党员》一文后来被编入印发全党的《整风文献》中。

在《怎样做一个共产党员》中，陈云第一次提出了共产党员的六项标准：（一）终身为共产主义奋斗；（二）革命的利益高于一切；（三）遵守党的纪律，严守党的秘密；（四）百折不挠地执行决议；（五）群众模范；（六）学习。

1989年，已经是中共中央政治局常委的宋平，当年还是在台下坐着听陈云讲课的学生。他曾这样回忆听陈云《怎样做一个共产党员》讲演的体会："我印象最深的是听陈云同志讲怎样做一个共产党员。抗战开始，大批青年怀着抗日救亡的激情来到延安，他们向往共产党，但对党的性质、纲领并不甚了解。我当时已经入党，但怎样做一个共产党员，在一些问题上也若明若暗，还不能说思想上完全入党了。陈云同志提出了共产党员的六项标准，第一项就是为共产主义奋斗。他说，不是每个积极参加抗日战争的人都可以成为共产党员的。仅仅愿意抗日是不够的，共产党员奋斗的最终目标是实现共产主义。也就是说，共产党员不仅应该为党在各个时期的具体任务而奋斗，而且应该确定自己为实现共产主义而奋斗到底的革命人生观。怎样才算奋斗到底呢？陈云同志风趣地用上海话说，就是要奋斗到'翘辫子（死）'。由于我们党始终用共产主义伟大理想教育自己的党员、干部，使大批革命青年从民族的觉醒提高到阶级的觉醒，在世界观上实现了一个新的飞跃。正是有了这样的思想基础，我们党才能团结一致，领导全国人民完成新民主主义革命，并顺利实现了向社会主义的历史性转变。"

陈云靠在长期实践中坚持不懈的刻苦学习，具备了很高的思想理论水平和解决问题能力，在陈云身上，学习和创新是紧密相连的。陈云之所以能够做到这些，与他一生勤奋好学、谦虚谨慎的品质与甘当小学生的精神有着密不可分的关系。我们今天也应该把学习作为一种政治责任、一种精神追求、一种生活方式，不断接受马克思主义哲学智慧的滋养，自觉坚持和运用辩证唯物主义世界观和方法论，广泛学习各方面知识，做到学以益智、学以励志、学以立德、学以修身。

四、艰苦朴素、严于律己的作风

陈云是新中国经济事业的重要领导者，素有"红色掌柜"之称。他一生经手的钱财不可计数，但他始终保持共产党人艰苦朴素、严于律己的本色和作风，克己奉公。他把群众的利益看得高于一切，视党的事业重于泰山，对自己却要求极为严格，把个人的名利看得比水还淡。

中华人民共和国成立后，陈云一家住进了中南海东门外的北长街71号，那是一所外国人建造的半地下的二层小楼。东临故宫筒子河，南边靠着女一中的食堂、厕所等生活区，楼下一层为半地下，四间房，住着三个秘书和警卫。陈云一家七口，加上一个保姆，八个人住在楼上的五间房子里。其中靠南头的一间是陈云的办公室，约十五六平方，因为紧邻一中的厕所、食堂，所以终年不能开窗，不然臭气和噪声会使陈云无法办公。卧室窗户朝东，夏天烈日下筒子河蒸发的热气扑面而来，因此也要紧闭窗户。那时候没有空调，闷热程度可想而知。三女二男五个孩子和保姆挤在两个房间内。另一间约二十平方的房间是陈云会见重要客人的地方，也是一家人共用的起居室。

房屋由于年久失修经常漏雨，当时机关行政部门提出要大修，陈云不同意，说："房子大修要花许多钱，只要不漏雨就行了。"1958年，后勤部门考虑到房内很多墙皮脱落，走道和楼梯上的地毯已经磨光，又提出要大修，他仍旧不同意，觉得不影响办公，没必要修，结果又没修成。1976年7月，唐山发生大地震时，陈云的办公室南墙被震出一米多长的宽裂缝，后勤部门请技术人员检查后发现，整个楼房结构都存在安全隐患，于是就提出把老楼拆掉，再在原址上建一幢新楼，他还是不同意。他说："我的房子比四周老百姓的房子要好很多，为什么要翻修？！把这样好的房子拆掉重建，老百姓会骂死你的。如果是为了防震，搞点钢架支撑一下就好了。"最终，工作人员用铁管子在陈云办公室搭起一个防地震的架子，上面铺着厚木板。陈云就在这个"铁框框"里坚持办公。

在陈云的坚持下，连续三次修房未果。但房子毕竟太旧了，地震后又成了危房，已不适合居住，经过再三动员，他才同意搬到中南海，但明确提出：房子就按原样住，不要再花钱重新装修。直到他去世，房子旧貌如昔。

从1977年到1990年，陈云每年都到杭州住一段时间。他每次来杭州，都会带三样东西：一是一只延安时期就跟随他的旧皮箱，二是一台用来听评弹的老式苏联制造的放音机，三是一条薄薄的、褪了色的旧棉被。

在杭州期间，陈云艰苦朴素，始终是粗茶淡饭、布衣蔬食。杭州的厨师见他的饮食太简单，标准太低，主动提出要给他做几样杭州名菜吃。陈云听后说："我已经习惯了，还是吃原来的那一套不变，不想吃什么杭州名菜。"陈云有两套毛料中山装，分别是1952年到苏联及1954年到越南出访时按规定由公家做的。后来就成了他的"礼服"，只在每年过节或接见外宾时才穿，平时穿的都是布衣、布鞋。这两套"礼服"后来穿旧了，胳膊下面和膝盖等部位磨得很薄，工作人员想给他重新做一套新的，陈云却说"补一补还可以穿"。

陈云家人回忆，有一年冬天，已近11月中旬，北京气温骤降。周总理去找陈云，见他正披着棉被坐着办公。总理于心不忍，马上表示特许这里提前几天供暖，但陈云一再坚持说："11月15日开始供暖，这个时间是我定的，我不能破这个例！"

作为党和国家的卓越领导人，陈云的品格风范在党内有口皆碑，而他不仅对自己严格要求，对家人和子女同样严格要求，所塑造出的淳朴家风堪称共产党人家风的楷模与典范。

陈云作为中纪委书记，要求别人做的，总是自己首先做到，并对自己高标准、严要求。其身正，不令而行。他不仅为自己立下"不收礼、不吃请"的规矩，还要求身边的工作人员不得违反。他常说："很多人送礼是为了有求于我，我若收下，以后决定事情必有偏差。"

陈云作为党和国家的重要领导人，1978年的时候，中央为方便其工作，为他配备了一辆"红旗"牌轿车，供其从事国务活动时乘坐。他十分喜爱这辆红旗车，但他同时规定，不论是公事还是私事，家里任何人都不允许乘坐这辆红旗车。

第六章 陈云的人格风范

不准搭乘陈云的专车，这是陈云为家人制定的"三不准"原则的第一条，也是陈家的"老规矩"。早在全国解放初期，陈云和夫人于若木同在中财委工作时，担任中财委主任的陈云就配备有一辆公务车。于若木本可以搭乘陈云的汽车上下班，但她坚持自己骑车，从未搭过哪怕一次便车。后来，于若木在中国科学院工作，依旧是骑着自行车去香山上班。每天上班，她都要骑一个半小时的车，半路上要是觉得饿了，就吃块巧克力接着骑。粉碎"四人帮"后，于若木被调到了中科院院部的落实政策办公室，她还是每天骑着一辆天津自行车厂生产的"红旗"牌自行车上下班。当看到陈云的红旗车时，于若木曾开玩笑地说："我们家院子里停了两辆红旗车！"后来，于若木骑车时被人撞倒导致脚面骨折。从此，陈云再也不让于若木骑车，将自行车没收交给了二女儿陈伟华。陈伟华骑了十几年后，这辆车实在骑不了了才"退休"。

除了不能搭乘专车，陈云在"三不准"里还严格规定了家人不准随便进出他的办公室，不准翻看、接触只供他阅读的文件、材料。

在计划经济时代，购买商品实行统购统销、定量供应的原则，买东西都需要凭借票、证。20世纪60年代初，为了应对经济困难局面，主管经济工作的陈云等曾主张搞几种"高价商品"以回笼货币。所谓的高价商品就是指购买这些商品时不再凭票，只要花上比平价商品高上几倍的价格就能买到。"高价商品"一经推出，就受到市场欢迎。仅仅1961年1月，全国就出售了1800万斤高价糕点和糖果，回笼资金8300万元。

这一年夏天，于若木上街为陈云购置了一床高价毛巾被。结果第二

人格的力量

天报纸就登出消息：因为国家经济已经恢复到一定水平，可以取消高价产品了，即日起，所有产品都降为平价产品。看到这个消息的于若木不由得抱怨起陈云没有早点告诉她。但陈云却说：我是主管经济的，这属于国家经济机密，我当然不能随便在家里说。

大女儿陈伟力在江西照顾陈云时，也发生过一件类似的事情。一次陈云去省里听传达文件，迟迟不归，留在家里的陈伟力十分担心，害怕父亲遇到什么不测。直到天色近黑，陈云才回到家中。陈伟力急着问他出了什么事情，陈云却说：现在还不能告诉你。这件事情会传达，但是要等到文件规定的，传达到你这一级的时候，我才能告诉你。过了几天，心情迫切的陈伟力又催促陈云，他还是闭口不提，一直等到文件规定的可以传达到陈伟力这一级的时候，陈云才正式地、严肃地告诉了陈伟力关于林彪叛国逃离的事情。

在生活、工作的细节中陈云总是强调要"公私分明"，在儿女大事上，陈云更是坚持如此。陈云夫人于若木曾经说过："我们家的家风有一个特点，就是以普通劳动者自居，以普通的机关干部要求自己，不搞特殊化。"

1968年，只有18岁的小女儿陈伟兰从解放军艺术学院毕业后被分配到了西藏。一听到这个消息，就有人给陈伟兰出主意，可以试试让她父亲跟领导同志打个招呼，这样就可以不去西藏了。于是陈伟兰回家向陈云表达了这个意思。结果陈云严肃地告诉她：我不能给你讲这个话，别人都能去，你也应该能去。

虽然陈云是如此劝导女儿的，但是 18 岁的小女儿刚刚毕业就要远赴西藏，作为父亲怎么能不担心牵挂。陈伟兰要走的那一天，陈云让全家人都来送陈伟兰，他却独自一人站在楼道里，没有出来。只是在女儿出门前叮嘱她：再大的困难也不要害怕，别人能干，你也能干。

1977 年，全国恢复高等院校招生考试制度。消息传来，已在怀柔郊区当了十年教师的陈云的女儿陈伟华兴奋不已。但此时距离考试只有两个月的时间，自己一无复习材料，二无人指导，来不及细想，陈伟华就给母亲写了一封信。在信中，陈伟华表达了自己小小的要求：听说母亲的朋友在大学工作，所以她想请这位老师给自己辅导辅导，讲讲题。母亲很快回信了，谁知道信里面只说，陈云说这叫走后门，不允许陈伟华找老师。陈伟华明白了父亲的用意，转而自己埋头学习，最终凭借自己的努力考上了北京师范大学历史系，并在大学毕业后分配到了国家机关工作。

在"文化大革命"中，教师一度被打成"臭老九"。因此在 20 世纪 80 年代，很多人都不愿意从事教育工作。陈云知道这件事后，一度非常忧虑。他特意通过秘书向陈伟华转达了自己的意见，建议师范学校毕业的陈伟华重回教育战线。

在慎重思考了父亲的建议后，陈伟华做出了一个在别人看来颇为意外的决定。1985 年，已是国家机关副处级干部的她自愿放弃了在机关的工作，选择回到母校北京师范大学的附属实验中学，重新当起了一名人民教师。当陈伟华将自己重回讲台的消息告诉陈云时，陈云特别高兴，说他举双手赞成!

陈云淡泊名利、谦虚低调的作风也影响到了陈家的第三代。1984年6月13日,陈云80虚岁生日的当天,外孙女毛毛为陈云写了一幅毛笔字:祝爷爷长寿。陈云站在桌边微笑地看着毛毛写字,这温馨的一幕被秘书用相机抓拍了下来,后来这张照片被《中国少年报》刊登。直到这时,毛毛学校的老师和同学们才知道她原来是陈云的外孙女。

陈云对子女的严格要求还体现在对子女的教育方面。陈云自己一生热爱学习,对五个子女在学习方面也是严格要求,培养他们热爱学习的好习惯。为了帮助子女们更好地学习,陈云专门为他们开出了必读书目:《马克思恩格斯全集》《列宁选集》《毛泽东选集》《鲁迅全集》,并规定了一些必读篇目,如《共产党宣言》和《社会主义从空想到科学的发展》等。陈云的好学之风,造就了陈家浓厚的学习氛围,陈家的五个子女耳濡目染,对学习,特别是学马列、学哲学兴趣浓厚,而且还各有所长。

陈元是长子,由于父亲的言传身教,从初中就开始看《参考消息》,阅读《马克思传》,高中和大学阶段自学哲学,通读《资本论》,并做了大量的读书笔记。陈元回忆,在"文化大革命"期间,他刚从清华大学毕业,到湖南一家生产电池的工厂当技术员。当时工厂搞整顿,工作环境有所好转,他便主动申请加入了中国共产党。他回家之后讲给陈云听,陈云高兴得不得了,赞扬他说:"我培养了你这个党员,是高质量的。"

第六章 陈云的人格风范

三女儿陈伟兰说:"有一次,还是'文化大革命'中间,父亲在江西,陈元在湖南。陈元写了一封信回来,说'四人帮'批判唯生产力论,怎么写得不对,什么观点不对,我父亲在上头画的横的、竖的。后来我就说,陈元还是挺努力学习的,观点挺鲜明的。我父亲说,他还早着呢,说他能够正确地提出问题还差得距离很大。他说就是要敲打敲打他,让他磨炼磨炼,看他能不能够正确地提出问题。"①

陈伟华是陈云的二女儿,1970年她还在北京远郊怀柔县的一个山区公社当乡村教师。有一次,她给父亲陈云写信报告说,已经开始阅读马克思、恩格斯等革命导师的书籍了。陈云很快便回了信,一向给人以深沉、内向、沉稳印象的陈云在这封信里却展现出他内心的另外一面。眼见孩子一天一天成长,特别是开始学会主动找一些富有教益的书来看,令陈云压抑不住内心的喜悦。他在给女儿的信中写道:"南南(陈伟华的小名),12月8日的信爸爸收到,我万分欢喜(不是十分、百分、千分,而是万分)。"在信中,陈云谆谆教诲,鼓励她说:"你虽然已经开始工作,但还年轻,坚持下去,是可以学到一些东西的。时间有限,每天要挤时间学。"

这封回信深深打动了陈伟华。父亲的鼓励给了她极大的鼓舞,她从父亲的"欢喜"中感受到父亲对自己应成为一个会思考的人所报的殷切希望。不久,陈伟华回家探望父母,话题很快又转到了读书一事上。陈云结合自己当年在延安坚持学习马克思主义理论著作的往事和经

---

① 肖伟俐著:《家风》,新华出版社2006年版,第54页。

人格的力量

验对陈伟华讲，为了能够真正理解无产阶级革命导师的系统的理论，最好先阅读有关他们的传记，了解当时的社会状况、时代背景，然后再由浅入深，阅读原著。另外，还要注意读书的方法，要勤做笔记，要善于思考、分析。学习不仅要有计划，更要有毅力，千万不能三心二意。同时，阅读的范围要广一些，要通过学习来拓宽视野，丰富知识。陈云还告诉女儿，当今世界，科学技术水平发展很快，新生事物不断涌现，一个人要跟上时代并有所作为，除了用马克思列宁主义、毛泽东思想武装头脑外，还要多了解世界上其他国家的历史和发展情况，多掌握一些专业的技术知识，学有所长，努力成为一位德才兼备的有用之人。

陈云艰苦朴素、严于律己、清正廉洁，一贯反对特权，不仅对自己严格要求，对家人也是严格要求。俗话说："言传不如身教。"陈云凡要求别人和家人做的，都是自己已经做到的，陈云的家庭之所以能形成一个良好的家风，子女都学有所成，说到底，首先因为他自己有一个好的作风，这也是值得我们广大党员干部认真学习的。

后 记

本书是中共中央党校中共党史教研部部分教研人员集体劳动的成果。谢春涛主编，绪论由谢春涛、李庆刚编写，毛泽东的人格风范由齐小林编写，周恩来的人格风范由李庆刚编写，刘少奇的人格风范由祝彦编写，朱德的人格风范由吴文珑编写，邓小平的人格风范由沈传亮编写，陈云的人格风范由韩晓青编写。在写作过程中，参阅了很多研究者的研究成果，特此表示感谢。